알기 쉽게 통으로 읽는
한국사 3
조선 전기

알기 쉽게 통으로 읽는 한국사 3
조선 전기

초판 제1쇄 인쇄일 2014년 11월 20일
초판 제1쇄 발행일 2014년 11월 25일
글 이진경 그림 윤유리 감수 정연식
발행인 이원주 발행처 (주)시공사
주소 서울시 서초구 사임당로 82
전화 영업 2046-2800 편집 2046-2821~9
인터넷 홈페이지 www.sigongjunior.com

글 ⓒ 이진경, 2014 | 그림 ⓒ 윤유리, 2014

이 책의 출판권은 (주)시공사에 있습니다. 저작권법에 의해
한국 내에서 보호받는 저작물이므로 무단 전재와 무단 복제를 금합니다.

ISBN 978-89-527-8055-3 74900
ISBN 978-89-527-8052-2 (세트)

*시공주니어 홈페이지 회원으로 가입하시면 다양한 혜택이 주어집니다.
*잘못 만들어진 책은 구입하신 서점에서 바꾸어 드립니다.

알기 쉽게 통으로 읽는

한국사 3
조선 전기

글 이진경 그림 윤유리 감수 정연식

시공주니어

작가의 말

애들아, 안녕!

〈알기 쉽게 통으로 읽는 한국사〉와 함께하게 되어 반가워. 나는 대학에서 역사를 공부하고, 출판사에서 역사책을 만드는 데 많은 시간을 보냈어. 지금은 아이들과 함께 책을 읽고 토론하며 생각을 나누고 싶어서 독서 지도사로 활동하고 있단다.

그동안 많은 초등학생과 중학생들을 만나 여러 가지 책을 읽고 나누는 시간을 가져 왔지. 그러면서 아이들이 역사를 많이 어려워한다는 걸 알게 되었어. 특히 우리나라 역사에 대해 너무 모른다는 것이 아주 심각하게 느껴졌어. 물론 한국사에 관심이 많고 역사 상식이 풍부한 아이들도 있지만, 대체로는 한국사를 너무 어려워하고, 그러다 보니 무관심해지는 경우가 많았어. 시험 때문에 어쩔 수 없이 공부하지만, 시험을 보고 난 뒤에는 거의 다 잊어버리고 말지. 역사를 이해하지 못하고 외우기만 하니까 금방 잊어버리는 거야. 그게 꼭 너희들의 탓은 아니야. 교과서만 읽어서는 그 사건이 왜 일어났는지, 그 영향은 무엇인지, 인물들이 왜 그렇게 행동했는지 등을 제대로 이해할 수 없으니까. 학교 선생님이 설명해 주셔도 듣고 나면 또 잊어버리기 일쑤잖니.

그래서 아이들과 함께 효과적으로 쉽게 읽을 수 있는 한국사 책을 만들고 싶어졌단다. 초·중등 역사 교과서를 통으로 풀어 쓰기로 했지. 인류의 탄생부터 현대까지 우리 역사가 어떻게 움직여 왔는지 그 흐름을 이해하고, 역사를 바꾼 중요한 사건들과 인물들을 제대로 알고 그 역사적인 의미를 생각해 볼 수 있는 책을 만들기로 한 거야. 너무 길어서 지루하지도 않고, 또 교과서처럼 너무 짧게 요약되어서 이해하기 어렵지도 않은 역사책을 말이야.

〈알기 쉽게 통으로 읽는 한국사〉는 그런 마음으로 만든 책이야. 더욱이 박물관에 계신 오영선 학예사님이 기획에 참여해 주시고, 대학에서 한국사를 가르치는 교수님들께서 내용을 감수해 주셔서 더 객관적이고 정확하며 풍부한 내용을 담고 있지. 나는 너희들이 이 책을 여러 번 되풀이해서 읽었으면 해. 역사책은 한두 번 읽어서는 내용을 다 파악할 수 없어. 몇 번 읽다 보면 흐름을 꿰뚫게 되고 중요한 내용들을 기억하게 되지. 워크북도 함께 풀어 보면서 알게 된 지식을 확인하고 다져 보면 더욱 좋겠지. 그렇게 하다 보면 한국사에 흥미도 생기고 자신감도 생길 거야. 무엇보다도 우리가 태어나고 자란 우리나라를 잘 알게 되고, 우리의 뿌리가 어디에 있는지 생각해 보게 될 거야.

3권에서는 유교의 나라 조선, 그중에서도 전기를 다루었어. 태조 때부터 효종 때까지 말이야. 이 시기에도 참 많은 사건들이 있었지. 태조의 조선 건국, 왕자의 난을 통한 태종의 정권 장악, 한글 창제를 비롯해 조선 최고 전성기를 이룬 세종, 단종을 몰아내고 왕권을 강화한 세조, 성종의 태평성대, 연산군의 폭정과 중종반정, 선조 때의 임진왜란, 광해군의 중립 외교와 인조반정, 병자호란과 정묘호란, 효종의 북벌 정책 등 말이야.

3권을 읽으면서 조선을 변화시킨 사건들이 무엇인지, 이런 사건들이 왜 일어났는지, 그 결과와 영향은 무엇인지 파헤쳐 보자. 사건도 많고 인물도 많아 복잡해 보이지만, 조선 시대는 드라마나 영화로도 많이 다루어져 더 친근하게 다가올 거야. 집중해서 잘 읽어 보면 조선 시대에 대해 그동안 궁금했던 점들을 알 수 있을 거야!

이진경

차례

작가의 말 • 4

《초정리 편지》에서 만난
세종 대왕과 한글 • 8

1장 새 나라 조선, 나라의 기틀을 다지다

1. 새 수도에서 새로운 사상으로 새 나라를 열다 • 14
   - 태조를 도운 무학 대사 • 31
2. 왕권을 강화하고 나라의 기틀을 마련하다 • 32
   - 태조의 분노가 깃든 말, 함흥차사 • 44
3. 새 나라를 다스리기 위한 제도와 기구들 • 46
   - 조선 시대 수재, 슬기의 일생 • 64

조선전 선생님의 보충 노트
한눈에 보는 한양 • 66

2장 나라 안팎으로 번영하다

1. 인재를 기르고 학문을 발달시키다 • 70
   - 세종과 박연 그리고 궁중 음악 • 81
2. 농업과 천문학이 발달하다 • 82
   - 세종이 인정한 천재 과학 기술자, 장영실 • 94
3. 우리글, 훈민정음을 만들어 퍼뜨리다 • 96
   - 훈민정음을 둘러싼 세종과 최만리의 논쟁 • 105
4. 명나라를 섬기고, 여진족, 일본 등과 교류하다 • 106
   - 6진 지역을 우리 땅으로 만든 사람들 • 114

조선전 선생님의 보충 노트
태평성대를 이룬 세종과 인재들 • 116

3장 사림이 성장하고 유교 질서가 잡히다

1. 사림, 조정에 나와 훈구파와 맞서다 • 120
   - 학문과 선비를 사랑한 성종 • 137
2. 사림들, 고난을 당하며 힘을 키우다 • 138
   - 도적이 될 수밖에 없었던 백성들 그리고 임꺽정 • 156
3. 사림, 향촌 사회를 바탕으로 성장하다 • 158
   - 향약이 실시되는 마을로 • 174
4. 유교적인 사회 질서가 생활 곳곳에 스며들다 • 176
   - 《경국대전》에 나타난 조선 사람들 생활상 • 187

조선전 선생님의 보충 노트
조선 시대 양반과 백성의 생활 문화 • 188

4장 일본과 청나라의 침입을 이겨 내다

1. 왜군의 침입에 맞서 싸우다 • 192
   - 구원병 파견에 힘쓴 명나라 관리 석성 • 217
2. 광해군, 왜란이 끝난 뒤 조선을 되살리다 • 218
   - 조선 최고의 여류 시인, 허난설헌 • 230
3. 청나라에 지고, 북벌 정책을 펼치다 • 232
   - 조선에 들어온 네덜란드 사람, 벨테브레이와 하멜 • 246

조선전 선생님의 보충 노트
임진왜란 때 사용한 배와 무기들 • 248

역대 왕조 계보 • 250
찾아보기 • 251
사진 자료 제공 • 257

안녕?
나는 알통 한국사 교실의
조선 전기 전문가 조선전 선생님이야.
조선은 지금까지도 우리에게 많은 영향을 끼치고 있는
유교의 나라이면서, 500여 년 동안 그 전통을 이어 온 나라야.
조선이 어떻게 세워지고 발전해 나갔는지, 궁금하지?
먼저 조선 시대에 만들어진 한글의 가치를
엿볼 수 있는 책 한 권을 만나 보자.

《초정리 편지》에서 만난 세종 대왕과 한글

　세종 대왕 하면 가장 먼저 생각나는 게 뭐니? 당연히 한글이겠지. 세종 대왕이 없었다면 과연 우리는 우리글을 가질 수 있었을까? 왠지 가지기 힘들었을 것 같다는 불길한 생각이 드는 까닭은 무엇일까? 아마도 세종 대왕같이 훌륭한 분이 그 전에도 그 뒤에도 없었기 때문이겠지. 우리 역사상 가장 훌륭한 임금 하면 누구라도 세종 대왕을 꼽을 거야. 세종 대왕이 한 그 많은 일 가운데 가장 빛나는 일은 한글을 만든 일일 거고. 그런 세종 대왕과 한글의 가치를 잘 느끼게 해 주는 동화가 있어.《초정리 편지》라고, 이미 읽어 본 친구들도 있을 거야. 세종 대왕의 훌륭함과 한글의 가치를 마음으로 느끼고 싶다면 한번 읽어 봐. 세종 대왕과 한글, 조선 시대 가난한 백성들의 삶이 좀 더 생생하게 다가올 거야.
　《초정리 편지》는 세종 대왕이 한글을 만든 뒤 눈병 때문에 초정 약수터로

《초정리 편지》
배유안 글, 홍선주 그림
창비

요양을 갔다는 역사적 사실을 바탕으로 이야기가 진행돼. 세종 대왕은 하도 책을 많이 읽고 한글을 만드느라 애써서 그런지 눈병으로 고생을 많이 했어. 그래서 충청북도 청원군에 있는 초정 약수터에 가서 요양을 하곤 했지. 물론 주인공을 비롯한 모든 이야기는 작가가 상상해서 만든 거야. 무슨 이야기인지 궁금하지? 아직 안 읽은 친구들을 위해 줄거리를 말하자면~.

초정 약수터 근처 산골에 장운이라는 아이가 살고 있었어. 장운이는 산에서 나무를 해다 팔며 병든 아버지랑 누나랑 살았지. 어느 날 장운이는 나무를 하러 산에 갔다가 낯선 양반 할아버지를 만나게 돼. 한양에서 왔다는 할아버지는 장운이한테 새로 만들어진 글자를 가르쳐 주고 다음 날까지 외워 오라고 해. 그러면 쌀을 한 되 주겠다면서 말이야. 쌀을 준다는 말에 장운이는 누나와 함께 신 나게 글자를 익히지. 글자도 배우고 쌀도 받고, 장운이는 할아버지와 즐거운 시간을 보내. 할아버지도 이런 장운이를 보며 기뻐하고, 두 사람의 우정은 깊어지지.

그러던 어느 날, 장운이의 누나가 빚을 갚기 위해 남의 집 종살이를 떠나게 돼. 장운이는 누나 일로 마음이 아프고 슬펐어. 마침 양반 할아버지도 떠나가고, 장운이는 무척이나 쓸쓸하게 지내. 그러던 어느 날, 장운이는

알통 한국사 교실 교사 자격증

이름: **조선전**
전문 분야: **조선 전기**

위 사람은 알통 한국사 교실의 전문가 선생님임을 증명함.

시대별 역사 전문가 선생님들과 함께 한국사를 재미있게 공부하는 곳

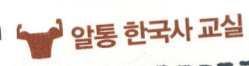

　누나한테서 새 글자로 쓴 편지를 받게 돼. 장운이는 생각과 마음을 종이에 써서 보낼 수 있다는 사실이 너무나 놀랍고 신기했어. 먼 곳에 있는 누나와 편지를 주고받으면서 이야기를 나눌 수 있게 된 거야. 할아버지에게 새 글자를 배우기 전에는 엄두도 못 내던 일이지. 중국 글자인 한자가 있었지만 어렵기도 하고 배울 시간도 없었으니까. 장운이는 친구인 오복이와 난이한테도 글자를 가르쳐 줘. 그래서 모두들 배우고 들은 이야기를 글로 쓸 수 있게 돼.
　장운이는 어렸을 때부터 꿈이 있었어. 아버지 같은 석수장이가 되는 꿈. 마침 장운이도 아버지를 닮아 돌을 다듬는 솜씨가 아주 좋았어. 석수장이 점박이가 이런 장운이의 솜씨를 알아보고는 장운이를 궁궐로 데리고 갔어. 장운이는 궁궐에서 일하면서 임금님도 만나게 되었어. 장운이는 산에서 만난 할아버지가 새 글자를 만든 임금님이라는 걸 알고 놀랐지. 이때부터 장운이는 임금님의 수제자가 되어 같이 일하는 사람들한테 글자를 가르쳐 줘. 한글을 널리 퍼뜨리려는 임금님의 뜻을 이루어 준 거야. 그러면서 장운이는 사람들한테 더 대접받게 돼. 종살이를 떠났던 누나도 보살피던 할머니가 돌아가시면서 아버지 곁으로 돌아오게 되지. 장운이네가 다시 모여서 행복하게 살게 되는 것으로 이야기는 끝나.
　이 이야기를 읽다 보면 한글이 얼마나 배우기 쉬운 과학적인 글자인지, 어떻게 백성들 사이로 퍼져 갔는지, 백성들이 글자를 배워 자기 생각을 글로 쓸 수 있다는 사실에 얼마나 기뻐했는지, 세종 대왕이 얼마나 백성들을 사랑하

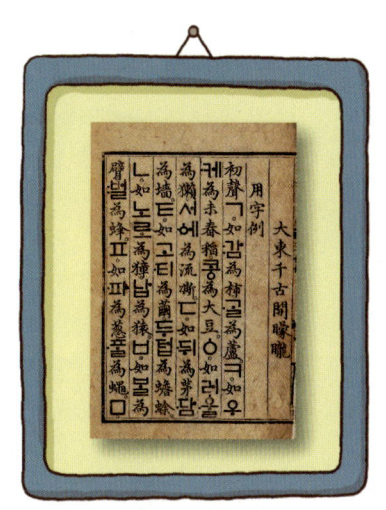

● 《훈민정음 (해례본)》

고 한글을 퍼뜨리려고 애썼는지 등을 자연스럽게 알게 돼. 실제로 세종 대왕은 백성들이 글을 몰라 불편하게 살며 억울한 일을 당하고, 나라에서 무슨 일을 하는지도 모르는 걸 무척이나 안타깝게 생각했어. 많은 신하들이 중국을 섬겨 한자만 있어도 된다고 주장하고, 심지어 우리 글자를 갖는다면 우리는 오랑캐와 다름없다고 하면서 한글 반포를 반대했어. 세종 대왕은 이런 신하들과 논쟁하고 설득하면서 마침내 한글을 반포했지. 그런 세종 대왕의 뜻과 마음을, 한글의 우수성을 한 편의 동화를 통해서 확인할 수 있단다.

《초정리 편지》같은 책을 보면서 세종 대왕 시대에 대한 역사책을 읽으면 세종 대왕이 더 훌륭해 보이고 친하게 느껴질 거야. 역사 내용도 쉽게 다가올 거고. 세종 대왕이 한 일은 우리 글자를 만든 것 말고도 너무나 많지. 세종 대왕이 또 무슨 일을 했는지는 우리 역사책을 읽으면서 확인해 보자.

1장 새 나라 조선, 나라의 기틀을 다지다

태조 이성계와 신진 사대부는 새 나라 이름을 조선으로, 수도를 한양으로 정하고 유교를 나라의 정치 이념으로 삼았다. 정도전은 유교 사상을 바탕으로 한양을 설계해, 도성 곳곳에 유교의 가르침을 담았다. 한양은 500여 년 동안 조선의 정치, 사회, 경제, 문화의 중심이 되었다.

두 번의 왕자의 난을 거쳐 왕이 된 태종은 왕권을 강화하고 여러 가지 정치 제도를 마련해 나라를 안정시켰다. 태종은 나라를 위해 양녕 대군을 세자에서 폐위시키고, 셋째 아들 충녕 대군을 왕(세종)으로 세웠다. 태종은 상왕으로 있으면서 군사권만은 넘기지 않고 세종이 일하는 데 방해가 될 것 같은 공신과 외척을 없앴다. 태조에서 태종을 거쳐 조선을 다스리기 위한 정치 제도와 기구들이 대부분 만들어졌다. 세종은 이를 바탕으로 나라를 안팎으로 발전시키는 데 힘을 쏟을 수 있었다.

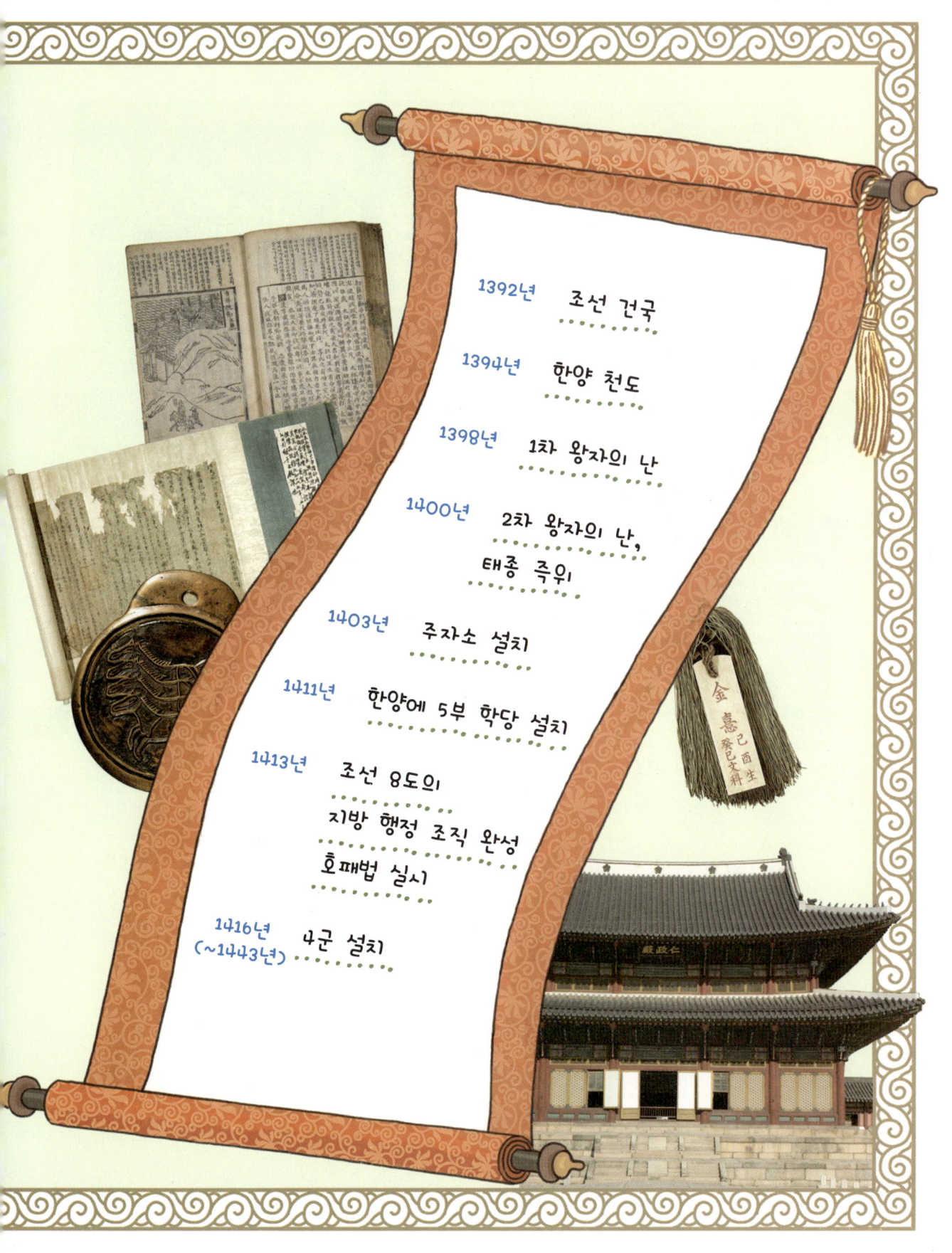

1. 새 수도에서 새로운 사상으로 새 나라를 열다

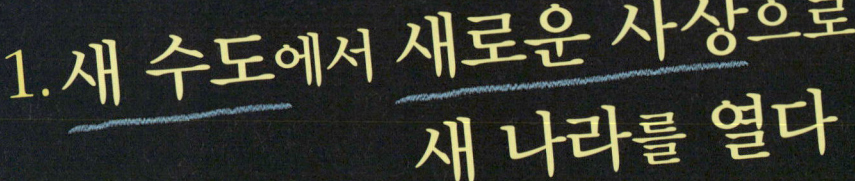

∨ 새 나라 이름은 어떻게 지었을까?
∨ 새 나라 수도는 어떻게 정했을까?
∨ 유교 사상이 새 나라에 준 영향은 무엇일까?

**나라 이름을
조선으로 하다**

　기울어 가는 고려에서 개혁의 깃발을 든 사람들은 누구였지? 그래, 이성계를 대표로 하는 신흥 무인 세력과 정도전을 대표로 하는 신진 사대부들이야. 신흥 무인 세력과 신진 사대부가 어떤 사람들인지 알지? 신흥 무인 세력은 고려 말에 홍건적과 왜구를 물리치면서 이름을 떨치고 백성들의 지지를 받으며 새로 나타난 세력이잖아. 신진 사대부는 대부분 지방 향리의 자손들로, 성리학을 공부하고 과거를 본 뒤 관리가 된 사람들이고. 이들이 고려 말 부패한 권문

세족들을 비판하면서 여러 가지 개혁을 추진했지.

개혁을 추진하면서 신진 사대부들은 급진 개혁파와 온건 개혁파로 나누어지게 되었어. 급진 개혁파는 새로운 나라를 세우자는 주장을 했고, 온건 개혁파는 개혁을 해도 고려 왕조는 지키자는 입장이었지. 그런데 정도전, 조준 등의 급진 개혁파가 이성계와 손을 잡았어. 이들은 군사력을 장악하고 토지 제도를 고쳐 새 나라를 세울 발판을 마련했지. 고려 왕조를 지키려는 온건 개혁파 이색, 길재를 몰아내고 정몽주를 죽이기까지 하면서 말이야.

마침내 1392년 7월, 급진 개혁 세력이 이성계를 왕으로 세웠어. 조선 1대 왕, 태조가 새 나라 역사의 문을 연 거야. 그런데 태조는 고려 공양왕에게 왕위를 물려받는 형식으로 왕이 되었어. 왕의 성씨가 왕씨에서 이씨로 바뀌었을 뿐이라는 거였지. 태조는 나라 이름도 고려 그대로 쓰고, 법과 제도도 고려 것을 따르겠다고 말했어. 고려의 관리들도 대부분 그대로 놔뒀고. 왜 그랬을까? 고려 왕조의 신하나 일반 백성들이 새 왕조에 대해 거부

〈태조 이성계 어진〉
조선을 세운 태조 이성계의 어진. 전라북도 전주의 경기전에 보관되어 있다.

《태조실록》
조선을 세운 태조 재위 기간의 역사를 기록한 책으로 《조선왕조실록》의 한 부분이다.

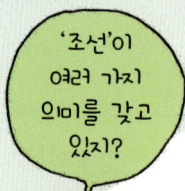

감을 가져 반란을 일으킬 봐 그랬던 거야. 태조는 백성들의 마음과 지지를 얻기 위해 시간을 갖고 기다렸어. 그러면서 새 나라 조선을 세우기 위한 준비를 해 나갔어.

태조를 중심으로 새 왕조를 세운 사람들이 가장 먼저 한 고민은 무엇일까? 나라 이름 짓기였어. 처음에 고려라는 옛 왕조 이름을 그대로 쓴 건 백성들 마음을 달래기 위한 것일 뿐, 계속 쓸 수는 없었어. 고려라는 이름을 계속 쓰면 고려를 그리워하는 사람들이 옛 왕조에 대한 미련을 못 버릴 테니 말이야. 태조는 새 나라에 기대를 걸 수 있는, 백성들에게 내세울 수 있는 나라 이름을 찾았어. 그래서 떠오른 것이 '조선'이었어.

왜 조선을 생각한 걸까? '조선' 하면 단군이 세운 고조선이 떠오르지 않니? 고조선의 '고'는 후대 사람들이 조선과 구분하려고 붙인 것이니, 당시는 '조선'이었지. 단군은 우리나라를 세운 분이고, 우리 민족은 단군의 자손이라는 생각이 고려 말부터 널리 퍼져 있었어. 그래서 조선을 우리 민족 전체를 아우를 수 있는 이름이라고 생각한 거야. 한편 단군 조선은 고대 중국의 요 임금 때와 비슷한 시기에 세워졌다고 알려져 있어. 이는 우리나라도 중국만큼 역사와 문화가 오래되었다는 것을 나타내. '조선'에는 또 다른 뜻도 있어. 기자 조선이라는 의미 말이야. 기자 조선은 기자라는 사람이 고조선

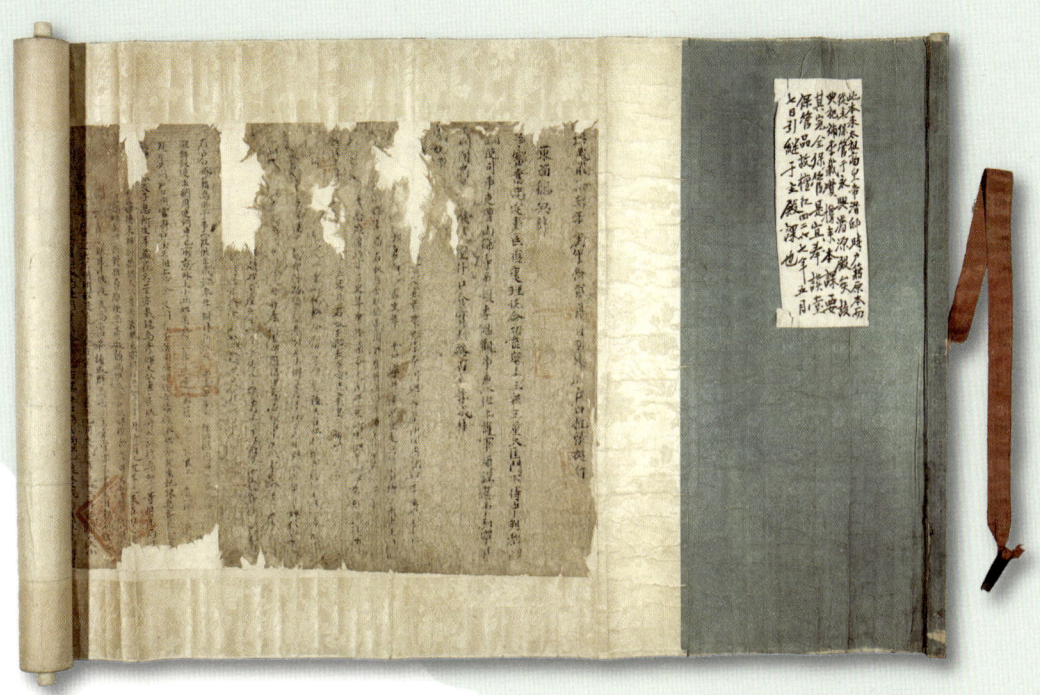

이성계 호적(화령부 호적 관련 문서)
조선을 세우기 직전에 이성계의 명으로 이성계의 고향인 함경도 화령에서 작성된 것이다. 이성계의 이름과 관직, 식봉(땅) 등이 기록되어 있다.

에 이어 세웠다고 전해지는 나라야.
요즘 역사학계에서는 기자 조선을 실제 있었던 나라로 인정하고 있지 않지만, 조선 시대까지만 해도 기자 조선을 인정하고 자랑스러워했어. 중국 주나라 무왕이 기자를 조선의 제후로 임명했다고 해. 중국을 섬겼던 조선은 중국의 기자가 조선의 제후였다는 것에 조선도 중국과 같은 발달한 문명을 가진 나라라는 자부심을 가졌어. 결국 '조선'이라는 이름에는 역사와 전통이 있는 나라, 중국 문명을 이어받은 나라라는 뜻이 함께 담겨 있는 거야. 이 정도면 새 나라의 이름으로 손색없다고 생각했지.

태조는 명나라에 사신을 보내 새 왕조가 들어섰다는 소식을 전했

사대 외교를 펼친 조선은 나라 이름도 명나라의 인정을 받아야 했어.

어. 그러면서 '조선'과 '화령' 가운데 나라 이름을 정해 달라고 했어. 화령은 태조가 태어난 곳이야. 물론 이미 '조선'으로 정했지만, 형식적으로라도 명나라의 인정을 받을 필요가 있었어. 왜 굳이 명나라의 인정을 받으려고 했을까? 그건 당시 조선이 명나라에 대해서 사대 외교를 펼쳤기 때문이야. 사대 외교는 명나라를 큰 나라로 섬기며 조공을 바치고 책봉을 받는 관계를 말해. 조공이니 책봉이니 하는 말은 들어 본 적 있지? 조공은 중국에 정기적으로 사절을 보내 공물을 바치는 거야. 중국에서는 이에 대한 답례품을 주었고. 책봉은 중국에서 사신을 보내 임금 자격을 인정해 주는 걸 말해. 조선은 명나라와 조공, 책봉 관계를 맺으면서 명나라를 동아시아에서 가장 큰 나라로 인정하고 평화적인 관계를 유지했어. 새 왕조에 대한 지지 기반이 넓지 않은 상황에서 원나라를 몰아내고 중국 대륙의 주인이 된 명나라의 지지를 받는 건 새 나라에 큰 힘이 되었거든. 그러면서 명나라의 발달한 문물도 받아들였고.

어쨌든 명나라는 조선의 뜻대로 나라 이름을 '조선'으로 정해 줬어. 새 나라 이름이 확정된 거야.

한양을 수도로 삼다

나라 이름을 정한 뒤, 새 왕조가 하고 싶은 일은 무엇이었을까? 새로운 곳에서 새 출발을 하기 위해 수도를 옮기고 싶었을 거야. 나라의 모습과 분위기를 새롭게 바꾸기 위해서 말이야.

태조는 새 수도로 알맞은 곳을 찾아보게 했어. 후보로 오른 지역을 직접 둘러보기도 했지. 처음에는 충청남도 계룡산 일대를 수도로 삼으려고 했어. 그런데 여러 신하들이 반대하고 나섰어. 계룡산 일대가 산으로 둘러싸여 있어 적이 쳐들어오기 힘들다는 장점이 있지만, 수도로 삼기에는 문제가 있다는 거였어. 땅이 좁고 기름지지 않다는 점, 교통이 불편하고 강이 멀리 있다는 점 등이 문제로 꼽혔지. 결국 태조는 다른 곳을 찾아보게 했어. 그래서 찾은 곳이 지금의 서

> 한양은 태조 때 수도가 된 뒤, 오늘날까지 우리나라의 수도이지!

〈도성도〉
조선의 수도 한양의 모습을 정교하게 그린 지도이다. 도성 내부의 지리적 내용이 세밀하게 수록되어 실용성을 갖췄다. 지도 위쪽이 남쪽으로, 남쪽을 바라보며 나랏일을 하는 왕의 시각에 맞추어 그린 것이다.

울 성곽 안을 중심으로 하는 한양이야. 정도전, 조준 같은 신하들 주장에 따른 것이었지.

한양은 여러 가지 면에서 수도로 삼기에 좋았어. 지도를 보면 알 수 있듯이 한양은 나라의 중심에 있었어. 육지로도 뱃길로도 전국 곳곳으로 통할 수 있었지. 한강이 흐르고 있어 물을 구하기도 쉬웠고, 주변에는 넓은 평야가 있어 농사짓기도 좋았어. 또 산으로 둘러싸여 있어 외적이 쳐들어오기도 힘들었지.

이런 점들 때문에 이미 한양에 터를 잡았던 나라가 있었지? 그래, 백제. 한양 일대는 약 500년 동안 백제의 수도였어. 삼국 시대에 이곳을 차지하기 위해 고구려, 백제, 신라가 치열하게 싸웠던 거 기억나지? 결국 신라가 이 지역을 차지하면서 삼국을 통일하고 중국과 교류할 수 있는 기반을 마련했지. 고려 시대에도 한양을 '남경'이라고 하며 나라의 중심지로 여겼어. 고려 숙종 때는 한양으로 수도를 옮기려고도 했어. 고려 말에도 우왕과 공양왕이 한양에서 머물며 관심을 가졌지. 지금도 이곳은 우리나라 수도인 서울이잖아. 그만큼 한양의 역사는 길고도 깊어.

태조는 1394년 8월 수도를 한양으로 옮기기로 결정하고, 새로운 궁궐 경복궁이 다 지어지기도 전인 10월에 한양으로 들어왔어. 태조는 하루라도 빨리 새로운 터전에서 나라를 다스리고 싶었나 봐. 궁궐을 다 짓기도 전에 들어온 걸 보면 말이야.

조선의 수도, 한양은 치밀한 계획 아래 만들어졌어. 한양 만들기에 나선 사람은 누굴까? 바로 조선 세우기에 앞장선 정도전이야. 정

사직단

조선 시대에 곡신의 신과 토지신에게 제사를 지내던 곳. 보통 도성의 서쪽에 위치한다.

종묘

종묘는 조선 시대 역대 왕과 왕비의 위패를 모시고 제사를 지내던 곳이다. 이곳에서 지내는 제사인 종묘 제례는 지금까지 그 전통이 이어지고 있다.

도전은 한양에 조선의 정치 이념과 정신을 담았어. 어떻게? 유교 사상을 바탕으로 궁궐이나 관청 같은 건물을 짓고, 그 이름도 지은 거야. 우선 유교식 법도에 따라 왕이 사는 궁궐을 짓고, 궁궐을 중심으로 왼쪽(동쪽)에 종묘, 오른쪽(서쪽)에 사직을 지었어. 종묘와 사직이 뭐냐고? 종묘는 역대 왕과 왕비의 위패를 모시고 제사를 지내는 곳이야. 위패는 죽은 사람의 이름과 죽은 날짜를 적은 나무패로, 죽은 사람의 혼을 대신한다고 여겼지. 종묘에서는 비가 오지 않을 때 기우제를 지내기도 했어. 사직은 임금이 토지신과 곡식 신한테 제사를 지내는 곳이야. 이렇게 종묘와 사직을 궁궐의 양쪽에 둔 것은 유교에서 사람의 도리로 가르친 효와 백성들의 생활 수단인 농사를 중요하게 생각했기 때문이야.

경복궁 근정전
조선 시대 법궁인 경복궁의 중심 건물로, 왕의 즉위식을 비롯한 나라의 중요한 행사를 열고, 외국 사신을 맞이하던 곳이다.

새 궁궐인 경복궁과 경복궁에 있는 건물들 이름에도 유교적인 뜻이 담겨 있어. 경복궁(景福宮)이라는 이름은 왕과 백성이 태평성대를 누릴 수 있는 큰 복을 받기 바라는 뜻에서 지은 거야. 경복궁 안에 있는 근정전(勤政殿)은 부지런히 정치에 힘쓰라는 뜻으로, 사정전(思政殿)은 항상 올바른 정치를 펼치라는 뜻으로 지었지.

새 수도인 한양 둘레에는 성곽을 쌓고 도성을 드나들 수 있도록 사대문과 사소문을 지었어. 동서남북의 사대문 이름에도 유교의 가르침을 담았지. 유교에서 중요하게 여기는 '인(仁, 어짊), 의(義, 올바름), 예(禮, 도리), 지(智, 지혜), 신(信, 믿음)'을 넣어 지은 거야. 그렇게 태어난 이름이 흥인지문(동대문), 돈의문(서대문), 숭례문(남대문), 숙정문(북대문, '정'은 '지' 자를 대신하였다고 한다), 그리

경복궁 사정전
경복궁의 편전으로, 임금이 평소에 머물며 나랏일을 보던 곳이다.

흥인지문
서울 도성의 사대문 중 하나로, 동쪽에 있어서 동대문이라고도 부른다. 보물 1호.

숙정문
서울 도성의 사대문 중 북쪽 대문이다. 도성의 북쪽에 있어서 북대문으로도 부른다.

돈의문
서울 도성의 사대문 중 서쪽 대문으로, 서대문이라고도 했다. 1915년 일제의 도시 계획에 따라 도로를 넓히면서 철거되어, 지금은 남아 있지 않다.

숭례문
서울 도성의 사대문 가운데 남쪽에 있는 정문으로, 국보 1호이다. 2008년 화재로 2층 누각이 거의 불에 탔으나, 2013년에 복원하였다.

고 오늘날 종로에 있는 보신각(종각)이야. 보신각은 문이 아니라 종을 단 누각인 종루야. 종루는 왜 만들었을까? 몇 가지 이유가 있는데, 하나는 새 왕조가 열렸다는 것을 다음 세대에 전하기 위해서이고, 또 하나는 사람들이 아름다운 종소리를 들으면서 눈과 귀를 깨우치게 하기 위해서였어. 그런데 보신각에서 한 일 가운데 가장 중요한 것이 뭔지 알아? 통행금지를 알리는 거였어. 밤 10시경에 종을 쳐 성문을 닫고 사람들이 집 밖으로 다니지 못하게 한 거야. 그러다가 다시 새벽 4시경에 종을 쳐 성문을 열었지.

경복궁의 정문인 광화문 앞으로는 큰길을 만들고 양쪽으로 나라의

보신각
서울 종로에 있는 종을 두기 위한 누각. 1395년(태조 4)에 지은 것으로, 여러 번 불에 타 다시 지었으며, 고종 때 '보신각'이라는 현판을 건 뒤부터 이 이름이 붙었다.

연말에 울리는 33번의 보신각 종소리가 담고 있는 의미

조선 시대에 보신각종은 통행금지를 알리는 밤에는 28번, 통행금지를 푸는 새벽에는 33번을 쳤다. 28은 동양의 별자리 28수에서 유래되었고, 33은 불교의 우주관에서 유래된 것으로 불교의 33천, 즉 도리천을 상징한다. 도리천에 사는 백성들은 병에도 걸리지 않고 건강하게 오래 산다고 한다. 지금도 매년 12월 31일 밤 12시에 보신각종을 33번 치는데, 이는 새해에도 우리 국민들이 도리천의 백성들처럼 건강하게 오래 살기 바라는 마음을 담고 있는 것이다.

청계천은 시멘트로 덮어 길을 만들었다가, 2005년부터 다시 흐르게 되었지.

중요한 관청을 세웠어. 의정부와 이조, 호조, 예조, 병조 등의 관청이 들어선 이곳을 6조 거리라고 했어. 종로 일대의 혜정교와 철물교 사이(지금의 서울 광화문 교차로에서 종로 3가 입구)에는 많은 상점들이 들어섰는데, 사람들이 구름처럼 몰려드는 곳이라고 해서 운종가라고 불렀어. 운종가의 남쪽으로는 운종가와 나란히 흐르는 개천이 있었는데, 오늘날 복원된 청계천이야.

유교를 높이고 불교를 억눌렀던 조선은 도성 안에는 절을 짓지 못하게 했어. 절이 많았던 고려의 수도 개경과는 완전히 다른 모습이지.

**2차 한양 천도는 종묘에서
점을 쳐 결정!**

태종이 개경에서 한양으로 다시 수도를 옮길 때 신하들 사이에 의견이 나눠졌다. 경복궁으로 돌아가야 한다는 사람, 경복궁이 있는 한양이 아니라 지금의 연세대학교 부근인 무악으로 가야 한다는 사람, 개경에 계속 있어야 한다는 사람 등이 있었다. 그러자 태종은 가까운 신하들만 데리고 종묘에 들어가 한양, 무악, 개경 세 곳을 놓고 점을 쳤고, 그 결과 한양으로 정해졌다. 태종이 조상을 모신 종묘에서 점을 친 건 신하들이 다른 주장을 하지 못하게 하기 위해서가 아니었을까? 신하들이 조상의 뜻이 담긴 결과를 반대하기는 힘들었을 테니 말이다.

그런데 한양이 아무 문제없이 조선의 수도로 자리 잡은 건 아니야. 1398년 1차 왕자의 난이 일어나면서 태조의 뒤를 이은 정종이 수도를 개경으로 옮겼어. 이후 정종 다음에 왕이 된 태종이 1405년 다시 한양으로 수도를 옮긴 거야. 그 뒤부터 한양은 수도로서 본격적인 모습을 갖추어 가기 시작했지.

유교 사상을 바탕으로 나라를 다스리다

조선을 흔히 무슨 나라라고 하는지 아니? 바로 유교의 나라야. 왜 유교의 나라라고 할까? 조선은 유교 사상을 바탕으로 나라를 다스리고, 교육하고, 관리를 뽑고, 또 나라와 집안의 여러 가지 행사들을 유교 예법에 맞게 치렀거든. 오늘날까지 많은 집에서 지내고 있는 제사도 유교에서 나온 거야.

그럼 유교 사상을 바탕으로 나라를 다스렸다는 것은 구체적으로 무엇을 어떻게 했다는 것일까? 조선을 세운 태조는 왕이 되면서 왕도 정치를 펼치겠다는 포부를 밝혔어. 왕도 정치는 유교 사상 가운데 하나인 성리학에서 나온 정치 이념인데, 한마디로 왕과 신하들이 덕으로 어질게 백성을 다스리겠다는 뜻이야.

만약 조선이 법가 사상을 정치 이념으로 받아들였다면 엄격한 법률로 나라를 다스리려고 했겠지만, 유교를 받아들였기 때문에 힘이

유교, 유학, 성리학의 차이는?

유교는 중국 춘추 전국 시대(기원전 8세기~기원전 3세기) 말에 공자가 체계화한 사상인 유학을 종교적 관점에서 이르는 말이다. 유교는 절대자에 대한 믿음이나 천국, 지옥 같은 죽은 뒤의 세상에 대한 생각이 없기 때문에 엄밀하게 말해서 종교라고 볼 수는 없다. 그러나 조상한테 제사를 지내고, 부모한테 효도하고, 임금한테 충성하라는 가르침이 오늘날까지도 영향을 주고 있기 때문에 기독교, 불교 등과 같은 종교의 의미로 보기도 한다.

유학은 유교를 학문적인 관점에서 본 것이다. 공자와 그 제자들의 가르침인 경전을 바탕으로 후세 학자들이 체계적으로 세운 학문을 말한다. 성리학은 유학의 한 갈래로, 북송의 주돈이에서 시작해 12세기에 남송의 주희가 체계적으로 정리한 학문이다. 성리학은 우주의 질서와 인간의 마음에 대해 깊이 연구하였다. 조선은 성리학을 받아들여 연구하고, 이를 바탕으로 나라를 다스렸다.

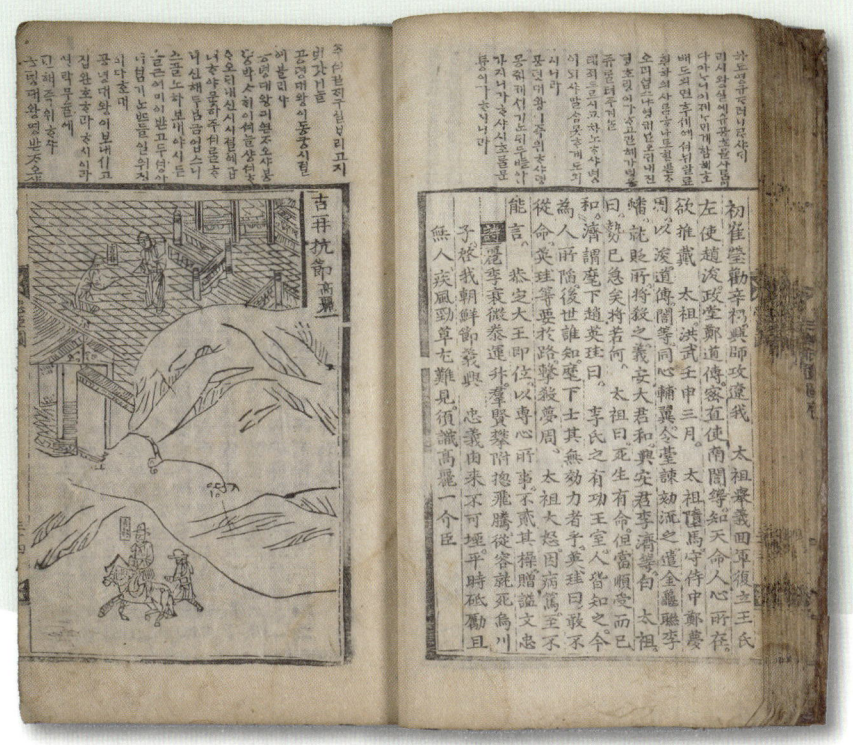

《삼강행실도》
세종 때 나온 도덕책. 조선과 중국의 책에서 임금과 신하, 부모와 자식, 남편과 아내 사이에 모범이 될 만한 충신, 효자, 열녀를 각각 35명씩 뽑아 글과 그림으로 칭송한 책이다.

아닌 도덕성을 중요하게 생각한 거야. 태조의 뒤를 이은 조선의 왕들도 대부분 왕도 정치를 펴려고 애썼어. 특히 세종과 성종이 왕도 정치의 모범을 보였지.

조선 왕들이 왕도 정치를 폈다는 것은 경연과 간쟁이라는 제도를 통해서도 알 수 있어. 경연에서는 경연관이 유교 경전을 강의하고 왕과 신하가 함께 그 내용에 대해 토론했어. 경연에서 토론한 내용을 바탕으로 정책을 세우고 나라를 바르게 다스리려면 어떻게 해야 하는지 의견을 나누었지. 간쟁은 사간원이란 관청에서 맡았는데, 왕이 잘못한 것을 지적해 고치게 한 것을 말해. 왕부터 도덕적인 품성을

조선의 왕들은 경연과 간쟁을 통해 왕도 정치를 펼쳤어.

기르고 올바른 말과 행동으로 왕도 정치를 실현할 수 있도록 말이야.

그러면 왕이 왕도 정치를 펴기 위해서 먼저 해야 할 일은 무엇일까? 유교적인 학식과 소양이 풍부한 사람을 관리로 뽑아야겠지? 그래서 조선은 어릴 때부터 유교 경전을 읽게 하고, 과거에서 유교 경전에 대한 시험을 치르게 해서 관리를 뽑았어. 교육도, 관리를 뽑는 과거 시험도 유교의 한 갈래인 성리학을 중심으로 이루어졌다는 거지. 그리고 《소학》이나 《삼강행실도》 같은 유교 도덕책을 만들어 백성들을 가르쳤어. 백성들이 유교적인 사회 질서를 따를 수 있게 한 거야.

좀 더 자세한 내용은 뒤에서 다룰 거야. 여기서는 조선이 유교를 정치 이념으로 삼아 왕도 정치를 실시하려고 했다는 사실과, 이를 위해 경연이나 간쟁 같은 제도가 있었고, 교육과 과거 제도가 유교적인 인재를 기르는 데 맞춰져 있었다는 사실 정도만 알아 두자.

유가, 법가 등은 제자백가의 대표적인 사상!

제자백가는 중국 춘추 전국 시대에 활약한 학자와 학파를 통틀어 일컫는 말로, 대표적인 사상으로 유가, 법가, 도가, 묵가 등이 있다. 사람이 지켜야 할 도덕을 중시한 유가 사상은 공자, 맹자, 순자 등이 세웠다. 법가의 대표적인 사상가는 한비자, 상앙 등으로, 법가에서는 법을 만들어 엄격히 시행해야 한다고 주장했다. 도가는 자연과 조화를 이루며 살 것을 주장하였고, 대표적인 사상가는 노자, 장자 등이다. 묵가는 묵자가 만든 것으로 인간에 대한 차별 없는 사랑과 평화를 강조하였다.

2. 왕권을 강화하고 나라의 기틀을 마련하다

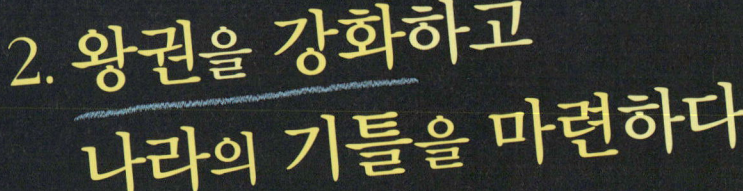

v 이방원은 왜 정도전을 죽이고 왕이 되었을까?
v 태종은 어떻게 왕권을 강화시켰을까?
v 태종이 양녕 대군을 폐위시킨 까닭은 무엇일까?

이방원, 정도전을 누르고 왕이 되다

태조를 도와서 조선 만들기에 앞장선 사람은 누가 뭐래도 정도전일 거야. 정도전은 태조의 믿음과 지지를 받으며 마음껏 새 나라 건설에 대한 꿈을 펼쳐 나갔어. 정도전이 만들고 싶은 나라는 왕도 정치가 이루어지는 나라였어. 덕으로 다스리는 나라 말이야. 그리고 왕과 신하가 조화를 이루면서 재상들이 중심이 되어 나랏일을 하길 바랐지. 정도전이 이런 정치 이념을 갖게 된 데에는 이유가 있어. 그건 정도전이 쓴 법전인 《조선경국전》을 보면 알 수 있지.《조선경국전》에 나온 정도전의 생각을 한번 살펴보자.

정도전은 현명한 사람이 늘 왕이 될 수는 없다고 생각했어. 왕은 핏줄로 이어지기 때문에 현명한 사람이든, 그렇지 않은 사람이든 왕의 맏아들로 태어나면 다음 왕이 되잖아. 그래서 왕은 부족할 수 있으니, 그런 왕의 부족한 점은 현명한 재상이 채워야 하고, 왕 스스로도 노력해야 한다고 했어. 왕은 어질고 현명한 신하에게 배우고, 경연이나 간쟁을 통해 신하들의 의견을 들어야 한다는 거지. 성리학을 바탕으로 한 이와 같은 정도전의 정치 이념이 곧 조선의 정치 이념이 된 거야.

그런데 정도전과는 다른 생각을 가진 사람이 있었어. 바로 태조의 아들 이방원이야. 정도전이 재상을 중심으로 신하들이 나라를 다스리는 신권 정치를 주장한 반면, 이방원은 강력한 왕권이 중심이 되어 나라를 이끌어야 한다고 생각했어. 정도전과 이방원은 조선을 세우는 데는 함께 앞장섰지만, 나라를 다스리는 방법에 대해서는 서로 다른 생각을 하고 있었던 거야.

정도전과 이방원이 대립하기 시작한 것은 다음 왕이 될 세자를 정하면서부터였어. 태조한테는 아들이 8명 있었어. 첫째 부인 신의 왕후 한씨가 방원을 비롯해 6명을 낳았고, 둘째

정도전 동상
정도전은 이성계를 도와 조선을 세운 일등 공신으로, 조선의 기틀을 다지는 역할을 했다.

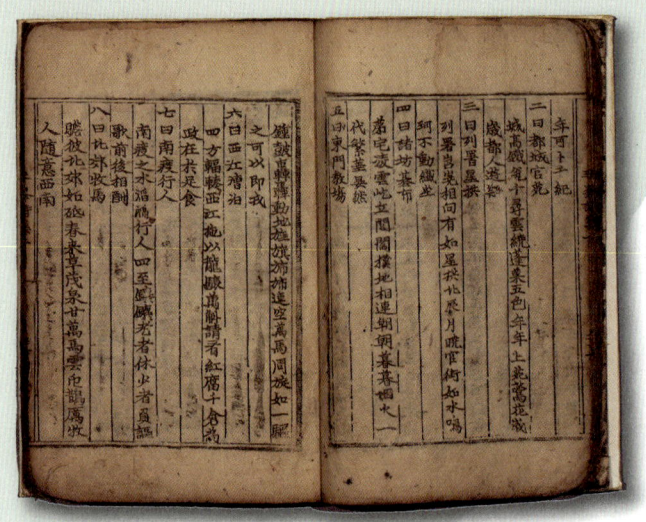

《삼봉집》
조선의 개국 공신이자 성리학자인 정도전의 글을 모은 문집.

부인 신덕 왕후 강씨가 방번, 방석 2명을 낳았어. 정도전은 태조의 둘째 부인 신덕 왕후와 손잡고 막내아들 방석을 세자로 세우려고 했어. 정도전은 재상이 중심이 되어 나라를 다스리기 위해서는 어린 방석을 세자로 세워 왕의 자질을 키우는 것이 좋겠다고 생각한 거야. 정도전은 방석의 스승이기도 했거든.

이방원은 정도전의 이런 생각을 받아들일 수 없었어. 자신을 비롯해 태조의 첫째 부인이 낳은 아들들이 있는데 둘째 부인이 낳은 막내아들을 세자로 세우려고 했으니 말이야. 더구나 이방원은 조선 건국을 반대했던 정몽주를 없애는 등 조선 건국에 큰 공을 세웠으니 무척이나 억울했지. 하지만 참으며 때를 기다릴 수밖에 없었어. 태조가 정도전을 깊이 믿었을 뿐만 아니라 어린 방석을 무척이나 사랑했거든. 결국 11살의 방석이 세자가 되었어.

이어 정도전은 왕족을 비롯한 개인들이 거느리던 사병을 없애고 모두 나라의 중앙군으로 삼으려고 했어. 왕족들이 가진 사병을 없애 힘을 쓰지 못하게 하려는 거였지. 이런 정도전의 의도를 알아챈 이방원은 신덕 왕후 강씨가 죽고, 태조가 병이 든 틈을 타서 먼저 손을 썼어. 1398년 8월, 사병을 없애는 데 반대하는 세력을 모아 난을 일으킨 거야. 이방원은 정도전은 물론, 방석을 세자로 세우는 데 앞장선 남은, 심효생 등을 없애고, 방번과 세자 방석을 죽인 뒤 권력을 잡았어. 그러고는 자기 형인 방과를 세자로 세웠지. 이 사건이 바로 1차 왕자의 난이야.

태조는 신덕 왕후에 이어 두 아들을 잃고 깊은 상처를 받았어. 건국 공신과 세자를 죽인 방원을 도저히 용서할 수 없었지. 태조는 나랏일에도 점점 흥미를 잃어 갔어. 결국 방과에게 왕위를 물려준 뒤 함흥으로 떠나고 말았지. 태조의 뒤를 이어 왕이 된 정종은 수도를 다시 개경으로 옮겼어. 백성들 마음을 달랜다면서 말이야. 조선이 세

워지고 한양을 수도로 삼은 지 얼마 되지도 않아 한양이 피로 얼룩졌으니, 태조나 정종은 말할 것도 없고 백성들도 뒤숭숭했을 거야. 정종이 왕이 되긴 했지만 모든 권력은 방원한테 있었어. 동생 방원 덕분에 왕이 된 정종은 방원의 눈치를 볼 수밖에 없었지. 마치 바늘방석에 앉은 기분이었어.

그렇게 정종이 불안한 나날을 보내던 어느 날, 태조의 넷째 아들 방간이 왕의 자리를 노리며 군사를 일으켰어. 이 사건이 2차 왕자의 난이야. 방원은 방간 세력을 쉽게 누르고 방간은 귀양을 보냈어. 이 사건을 계기로 정종은 짐스러웠던 왕위를 방원한테 넘겨주었어. 이

창덕궁 인정전
2차 왕자의 난이 일어난 뒤 즉위한 태종은 다시 한양으로 수도를 옮기면서 경복궁 동쪽에 새 궁궐을 짓게 하였는데, 그 궁궐이 바로 창덕궁이다.

로써 조선의 3대 왕, 태종이 즉위한 거야. 정종은 상왕이 되었고, 상왕이었던 태조는 태상왕이 되었지.

왕권 중심의 정치 제도를 마련하다

태종이 왕이 되기까지는 쉽지 않았지? 두 차례나 형제들과 싸웠으니까. 그만큼 당시에 왕권이 불안했다고 할 수 있어. 그래서 태종은 왕권을 강화하는 데 온 힘을 기울였어. 다시는 누구도 왕권을 넘보지 못하도록 말이야.

태종은 먼저 왕권에 위협이 될 만한 세력들을 억눌렀어. 조선을 세우는 데 공을 세웠던 공신들 힘을 약화시키기 위해 고려 때부터 있던 최고 권력 기관인 도평의사사를 없애고 새로 의정부를 만들었지.

왕이 살아 있으면서 왕위를 다음 왕한테 물려주었을 때 물러난 왕을 '상왕', 왕한테 왕위를 물려준 상왕의 전왕을 '태상왕'이라고 해.

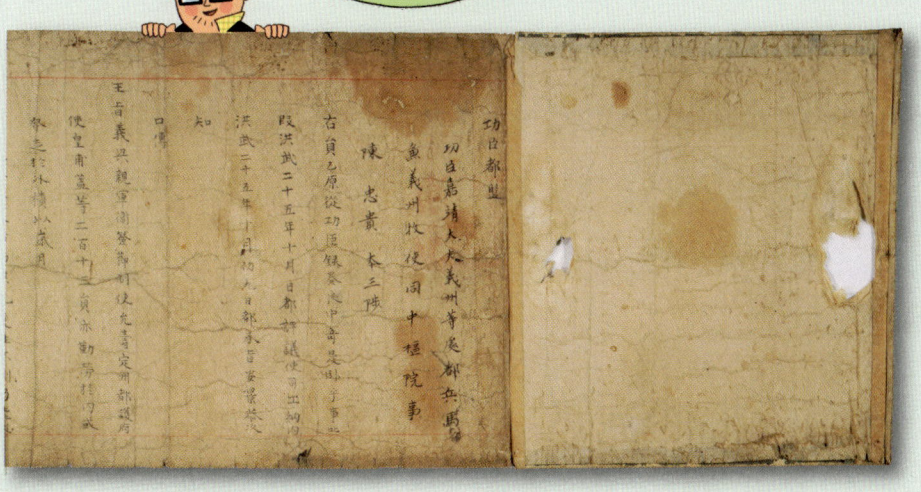

개국 공신 녹권
의주 목사 진충귀를 개국 공신으로 임명한 문서이다. 조선을 세울 때 공을 세운 개국 공신 106명에게 논밭과 노비를 내리고, 부모와 아내에게는 작위를, 자손에게는 벼슬을 주겠다는 내용이 담겨 있다.

당시에 개국 공신들이 많은 노비와 토지를 받아 재산을 쌓고 비석까지 세우면서 자기 공을 지나치게 자랑했을 뿐만 아니라, 고려 때부터 막강한 권력을 가지고 있던 도평의사사에서 활동하면서 권세를 누렸거든. 태종은 조선 최고의 통치 기관으로 의정부를 만들고, 의정부 아래에는 6조를 두어 나랏일을 나누어 맡겼어. 태종은 의정부 서사제를 실시했다가 나중에는 이것도 폐지하고 6조 직계제를 실시해 왕권을 더욱 강화했어. 의정부 서사제와 6조 직계제에 대해서는 뒤에서 자세히 얘기해 줄게.

태종은 왕권을 강화하기 위해 자신이 왕이 되는 걸 도와준 이거이와 이숙번 등을 귀양 보내고, 또 왕비의 동생인 민무구와 민무질 등 4형제를 죽이기도 했어. 태종이 왕이 되는 걸 앞장서서 도운 처남들까지 없앤 거야. 왕비가 동생들을 살리기 위해 화를 내기도 하고 울며불며 애원하기도 했지만, 태종은 어쩔 수 없는 일이라고 생각했어. 민씨 형제들 권세가 커졌을 뿐만 아니라 세자였던 양녕 대군이 외가에서 자라면서 삼촌들과 친했거든. 양녕 대군이 왕이 되면 이들 세력이 한없이 커질 거라고 생각한 거야. 태종은 이렇게 왕권에 부담이 되는 세력들을 모두 없애 버렸어.

태종이 왕권을 강화하기 위해 한 일이 정말 많지?

태종은 사병들도 없앴어. 개인적으로 군사력을 갖고 있으면 언제 또 자기처럼 왕권을 노릴지 모르잖아. 그래서 정도전이 하려고 했던 것처럼 사병을 중앙군으로 흡수한 거야.

태종은 왕을 중심으로 하는 중앙의 힘이 지방 곳곳에 미치는 중앙 집권 국가를 만들려고 했어. 이를 위해 전국을 8도로 나누고, 그 아래

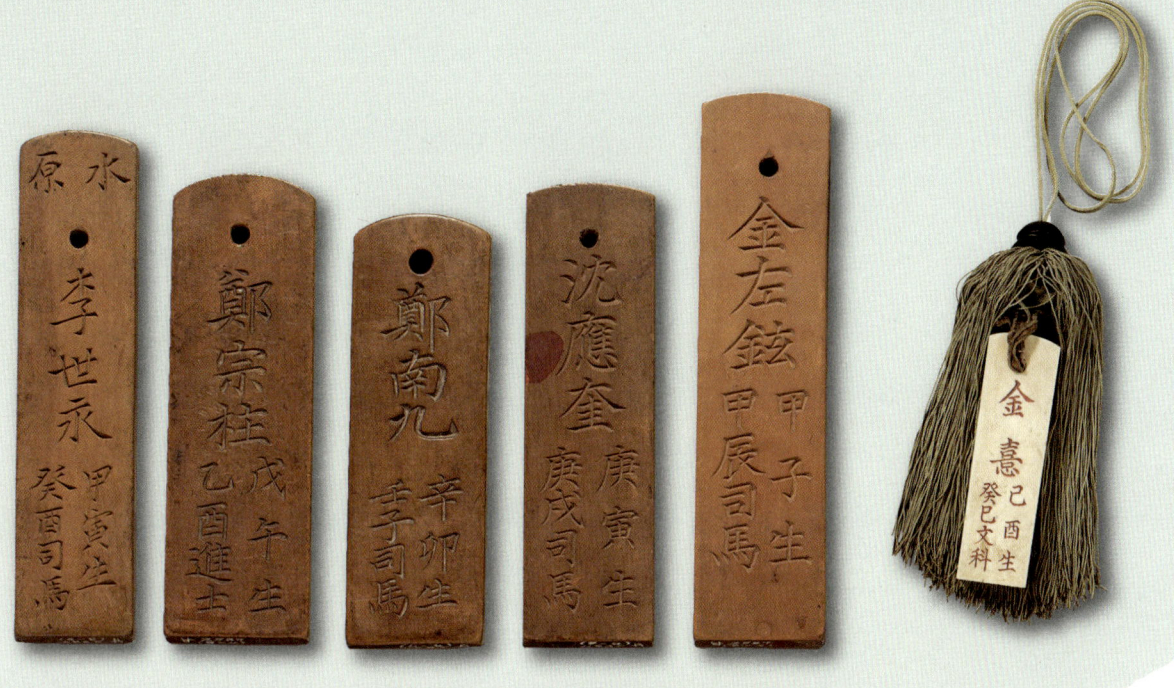

조선의 신분증, 호패
오늘날의 주민등록증과 비슷한 구실을 하였다. 신분과 관직에 따라 상아, 뿔, 나무 등 만드는 재료가 달랐다. 관리의 호패에는 이름과 신분, 출생 연도 등을 새겼고, 노비의 호패에는 주인 이름과 자기 나이, 생김새를 새겨 넣었다.

부, 목, 군, 현 같은 지방 관청을 두어 전국 방방곡곡에 관리를 보냈어.

태종은 나라의 경제력을 키우는 데도 관심을 기울였어. 황무지를 개발해 농지를 늘리고, 주인 없는 땅은 나라 것으로 만들었어. 토지 면적을 제대로 알기 위해 토지 측량 사업을 실시하고, 불법적으로 노비가 된 사람들을 양인으로 되돌려 놓았어. 호패법도 실시했어. 호패법은 왕족에서 노비에 이르기까지 16살 넘은 남자는 누구나 신분을 적은 패인 호패를 차고 다니게 한 제도야. 남자들 수를 정확히 파악해 나랏일에 동원하거나 군역을 맡기기 위해서였지. 이런 일들을 통해 나라는 토지와 사람들을 좀 더 정확히 파악하고 관리할 수 있게 되었어. 세금도 더 많이 거둘 수 있게 되었고 말이야.

　백성들의 소리를 듣겠다고 신문고를 설치한 왕도 태종이야. 신문고는 큰 북을 설치해 억울한 일을 당한 백성들이 북을 치고 호소하게 한 제도였어. 그런데 실제로 백성들이 신문고를 이용하기는 힘들었대. 신문고는 죄인을 벌하는 의금부에 있었고, 신문고를 치기까지는 꽤 복잡한 과정을 거쳐야 했거든.

　태종은 유교를 따르고 불교를 누르는 숭유억불 정책을 적극적으로 실시했어. 절에 딸린 토지와 노비를 나라 것으로 만들고, 연등제 같은 불교 행사를 없앴지. 대신 유교의 나라답게 유교 의례를 마련했어.

충녕을 왕으로 세우고 나라 안팎의 문제를 처리하다

　태종은 새로운 나라의 틀을 짜는 데 모든 힘을 기울였어. 한양을 수도답게 만들고, 왕권을 강화해 나라 곳곳으로 왕의 힘이 미치게 했지. 태종의 이런 노력으로 나라는 점점 안정되어 갔어. 그런데 태종이 마지막으로 할 일이 있었어. 태종의 뒤를 이어 나라를 잘 다스릴 왕을 세우는 거였어. 보통은 첫째 아들이 대를 이어 왕이 되잖아. 하지만 태종은 그렇게 하지 않았어. 왜 그랬을까?

　태종도 1404년에 11살인 첫째 아들 양녕 대군을 이미 세자로 책봉했었어. 하지만 양녕 대군한테 나라를 맡기기가 무척이나 불안했어. 양녕 대군이 나이가 들면서 세자답지 않게 갖가지 말썽을 일으

말썽꾸러기 양녕 대군은 세자 자리에서 물러나야 했어.

켰거든. 공부는 게을리하고 사냥이나 활쏘기로 시간을 보냈고, 유교 경전을 배우며 토론하는 서연에 마음대로 빠지기도 했어. 또 거리 불량배들과 어울려 행패를 부리기도 하고, 궁궐에 기생을 불러들여 잔치를 벌이기도 했지. 태종이 양녕 대군을 불러 꾸짖곤 했지만 고쳐지지 않았어.

   그러자 태종은 1418년 6월, 과감히 양녕 대군을 세자 자리에서 물러나게 하고 셋째 아들 충녕 대군을 세자로 삼았어. 충녕 대군은 학문으로 보나 행실로 보나 왕이 되기에 부족함이 없었거든. 태종은

태종은 세종이 나랏일을 잘할 수 있도록 바탕을 만들어 주었어!

충녕 대군을 세자로 세운 지 2달 만에 왕위를 물려주었어. 왕이 된 충녕 대군이 바로 조선의 4대 왕 세종이야.

상왕이 된 태종은 군사권만은 놓지 않고 나라의 중요한 일에 관여했어. 왕권에 위협이 될 만한 세력을 사정없이 없앴던 태종은 세종의 처가도 마찬가지로 대했어. 세종의 장인인 심온도 없애 버렸지. 세종이 마음껏 그 능력을 발휘할 수 있도록 걸림돌이 될 만한 세력은 처음부터 아예 뿌리를 뽑아낸 거야.

1419년(세종 1)에는 이종무에게 왜구들이 활동 근거지로 삼은 쓰시마 섬을 치게 했어. 당시 왜구들이 충청도 해안가에 쳐들어와 우리 병선을 불태우고 식량을 빼앗아 갔거든. 이전에도 왜구들이 쳐들어와 우리 백성을 괴롭힌 일이 셀 수 없이 많았어. 태종은 이런 왜구들이 더 이상 설치지 못하도록 쓰시마 섬을 정벌하게 한 거야.

태종은 세상을 떠날 때까지 4년여를 그렇게 보냈어. 세종이 나랏일과 백성들한테만 집중할 수 있도록 나라 안팎의 문제들을 처리하

쓰시마 섬을 정벌한 이종무는 어떤 사람일까?

이종무는 고려 말 조선 초에 활약한 무신이다. 이종무는 어렸을 때부터 말을 잘 타고 활을 잘 쏘았다. 1381년(우왕 7) 아버지와 함께 강원도에 쳐들어온 왜구를 쳐부수어 정용호군이 되었고, 조선이 세워진 뒤에도 많은 왜구를 물리쳤다. 1400년(정종 2), 2차 왕자의 난 때에는 상장군으로 방간의 군사를 무찔러 공을 세우고, 1419년에는 삼군도체찰사까지 되었다.

헌릉
새 나라 조선의 틀을 잡는 데 힘쓴 태종과 원경 왕후 민씨의 무덤. 서울 서초구에 있다.

며 든든한 울타리가 되어 주었지.

이처럼 태종은 우여곡절 끝에 왕이 되었지만, 왕이 된 뒤에는 나라를 바로잡기 위해 있는 힘을 다 쏟았어. 뿐만 아니라 다음 세대를 위해서 첫째 아들이 왕이 되어야 한다는 관습에 얽매이지 않고 왕의 그릇이 될 만한 아들을 왕으로 세웠어. 태종이 현명하게 판단한 덕분에 우리나라 역사상 가장 훌륭한 왕, 세종 대왕이 나온 거야.

태조의 분노가 깃든 말, 함흥차사

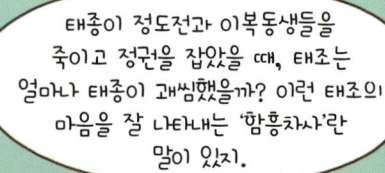

3. 새 나라를 다스리기 위한 제도와 기구들

- 중앙 정치 기구들로는 무엇이 있을까?
- 지방은 어떻게 다스렸을까?
- 조선의 군사 제도는 어땠을까?
- 나라 안팎의 소식은 어떻게 전했을까?
- 교육과 과거 제도는?

왕권과 신권이 밀고 당기며 나라를 다스리다

조선은 고려의 제도와 관습에서 벗어나 서서히 새 왕조의 실정에 맞게 정치 조직을 짜고 기구들을 마련했어. 정도전이 쓴 《조선경국전》과 조준이 쓴 《경제육전》을 바탕으로 말이야. 태조 때 나라를 어떻게 다스릴지 계획을 세우고, 태종 때 거의 그 기본 틀을 마련했다고 할 수 있지. 그러면서 조선은 고려보다 중앙 집권 체제가 강해지고 정치적으로 안정되어 갔어.

그럼 중앙의 정치 기구가 어떻게 구성되었는지 볼까? 조선에서 나라를 다스리는 최고 기관은 의정부야. 의정부에서는 영의정, 좌의정, 우의정의 3정승이 모여 나라의 중요한 일을 의논하고 결정했어. 그 밑에 6조와 여러 관청을 두었지. 6조에서는 나라의 정책을 세우고, 실제로 해야 할 여러 가지 일을 나누어 맡아 처리했어. 6조의 판서들이 의정부의 3정승한테 나랏일을 보고하면 3정승이 의논해 합의한 내용을 왕한테 올렸어. 이런 체제를 '의정부 서사제'라고 해.

태종 때에는 의정부의 3정승만 참석했던 회의에 6조 판서들도 참석시켰어. 의정부의 역할을 줄이고 6조에 더 많은 일을 맡긴 거야. 나중에는 아예 의정부 서사제를 없애고 '6조 직계제'를 실시했어. 6

조 직계제는 6조의 판서들이 의정부를 거치지 않고 왕한테 직접 나랏일을 보고하고, 왕의 지시를 받아 바로 일을 처리한 제도야. 의정부의 권한이 6조로 넘어가면서 의정부는 왕한테 도움말을 주는 정도의 역할을 했지. 그만큼 왕의 권한은 강해졌어.

역사적으로 보면 세종 때는 의정부 서사제를 실시해 왕의 힘과 신하들의 힘이 조화를 이루며 나라를 다스렸다고 할 수 있어. 태종이나 세조는 6조 직계제를 실시해 왕권을 강화했고.

이 밖에도 승정원, 의금부, 3사, 한성부, 춘추관 등의 기관이 있었어. 승정원은 신하들에게 왕의 뜻을 전달하고 신하들의 의견을 왕에게 전달하는 왕의 비서실 같은 역할을 했어. 의금부는 왕의 명령에 따라 반역죄 같은 큰 죄를 저지른 죄인들을 다스렸어. 승정원이나 의금부는 왕의 권한을 강화시키는 역할을 했지.

왕을 견제하는 기관도 있었어. 바로 언론을 담당했던 3사야. 3사

조선의 중앙 정치 기구에는 어떤 것들이 있는지 살펴보자.

6조는 어떤 일을 했을까?

이조: 인사를 담당하던 곳으로 관리를 임명하고 평가했다.
호조: 재정을 담당하던 곳으로, 인구와 토지를 조사하고 세금을 거두었다.
예조: 의례와 제사, 교육, 과거 시험, 외교 등을 담당했다.
병조: 국방을 담당하던 곳으로, 군사, 통신, 무반의 인사 등을 맡았다.
형조: 형벌과 재판을 담당하던 곳이다.
공조: 산림, 도로와 다리 건설, 수공업 등을 담당하던 곳이다.

〈사간원 관리들의 친목 모임〉
3사의 하나인 사간원 관리들의 친목 모임을 그린 그림이다. 배경인 산수는 크게 그리고 모임 장면은 작게 그린 모습을 볼 수 있다.

는 사헌부, 사간원, 홍문관을 말해. 사헌부는 관리들이 잘못하는 것이 있는지 감시하는 곳이고, 사간원은 왕의 잘못을 지적하고 바로잡는 기관이었어. 홍문관에서는 책을 관리하고 학문을 연구하면서 왕이 바른 정치를 할 수 있도록 도왔지. 말하자면 3사는 왕이 나라를 잘 다스리도록 감시도 하고 충고도 하는 기관이라고 할 수 있어.

　3사가 맡은 일을 잘하려면 무엇이 지켜져야 할까? 정승이든 왕이든 3사가 하는 일을 간섭해서는 안 되겠지? 권력으로 누르면 3사 관리들이 눈치를 보느라 하고 싶은 말을 제대로 못 할 테니 말이야. 그래서 왕은 3사 관리들이 싫은 소리를 해도 귀담아듣고 잘못한 것은 고쳐야 했어. 3사의 관리들을 언관이라고 하는데, 언관은 공부도 많이 하고 인격도 뛰어난 사람만 될 수 있었어.

아, 왕을 견제하는 곳이 또 있지? 신하들이 왕과 함께 학문과 정책에 대해 토론하는 경연 말이야. 이때는 신하들이 왕 눈치를 보지 않고 무엇이든 말할 수 있었어.

또 다른 정치 기관으로 한양의 행정과 치안을 맡은 한성부, 나랏일을 기록하는 춘추관이 있었어. 이렇게 여러 정치 기관들이 왕권과 신권의 균형을 잡으며 조선을 이끌어 나갔지.

중앙의 힘이 전국 곳곳에 미치다

조선은 지방 행정 조직도 새롭게 짰어. 고려 시대에는 전국을 5도 양계로 나누었잖아. 조선은 전국을 8도로 나누었어. 경기도, 충청도, 전라도, 경상도, 강원도, 황해도, 평안도, 함길도(함경도)로 말이야. 오늘날의 행정 구역과 비슷하지? 각 도는 다시 부, 목, 군, 현으로 나누었고. 도에는 관찰사를, 부, 목, 군, 현에는 각각 부사, 목사, 군수, 현령, 현감 등 관리를 보내 다스렸어. 이들을 바로 수령이나 사또라고 하는 거야. 고려 시대만 해도 지방관을 못 보낸 지역이 많았지만 조선 시대에는 전국 곳곳에 지방관을 보냈어. 그만큼 중앙 정부가 지방을 조직적으로 관리할 수 있게 된 거야.

그럼 조선 지방관들은 무슨 일을 했을까? 관찰사는 요즘의 도지사처럼 도를 다스렸어. 수령이 일을 잘하는지 감시하고, 외적이 쳐들어

조선은 중앙의 힘이 전국 곳곳에 미치도록 지방관을 보냈어.

오거나 반란이 일어나면 군사들을 동원해 지휘했지. 수령은 요즘의 시장이나 군수와 비슷한 직책이었어. 수령은 행정적인 일뿐만 아니라, 사법과 군사에 관한 일까지 처리했지. 좀 더 구체적으로 말하면 농사와 누에치기 장려, 인구 조사, 교육 장려, 재판, 세금 걷기, 지역 지키기 같은 일을 모두 한 거야. 그런데 관찰사나 수령의 권한 가운데 요즘 지방 관리들과 다른 점이 있어. 무엇일까? 바로 군사를 동원하고 지휘할 수 있는 권한을 가졌다는 거야. 그러니 조선 지방관이 가진 권한은 요즘의 도지사나 시장보다 훨씬 컸다고도 할 수 있어.

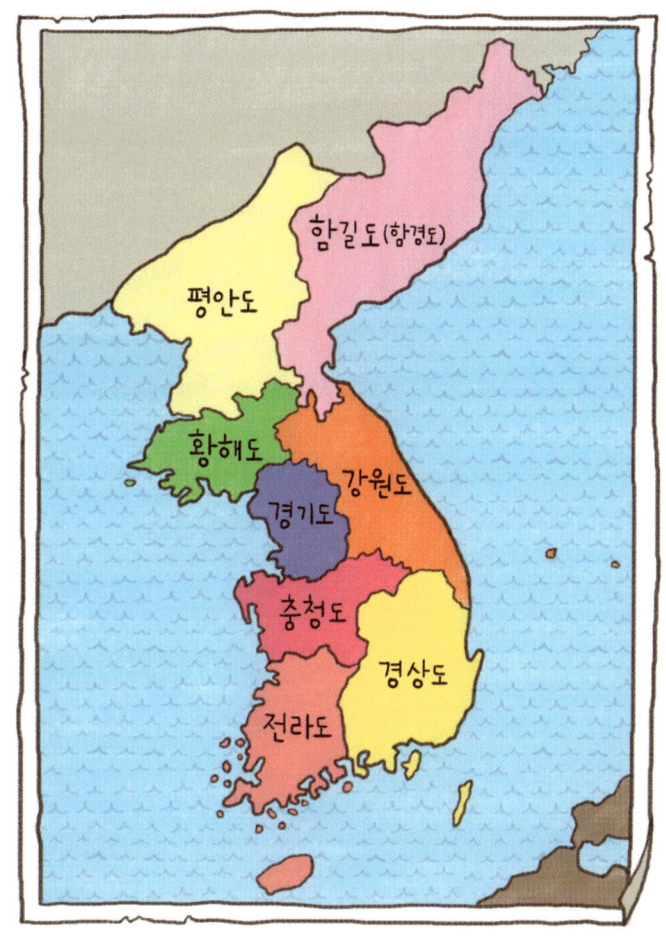

조선의 행정 구역
조선은 전국을 8도로 나누었고 전국 곳곳에 지방관을 보냈다.

수령 아래에는 6방이라는 여섯 부서가 있었어. 중앙의 6조처럼 이방, 호방, 예방, 병방, 형방, 공방으로 하는 일을 나눈 거야. 주로 그 지방에서 자란 사람들이 6방의 관리가 되었지. 이들을 향리, 아전, 서리 등으로 불렀어. 아전들은 수령을 도와 고을의 일을 처리했지. 이들은 수령이 고을 사정을 잘 모르면 고을 일을 마음대로 처리해 문제를 일으키기도 했어.

〈월야선유도〉
평안 감사의 부임을 축하하며 대동강에서 벌어지고 있는 뱃놀이 장면을 그린 작품으로, 김홍도가 그렸다.

 이렇게 나라에 속한 관청 말고 양반들이 따로 운영하는 기관도 있었어. 성리학을 공부하고 재산도 좀 있는 양반들이 군, 현에 유향소(나중에 향청으로 바뀜)를 만든 거야. 유향소에서는 고을에서 지켜야 할 규약을 만들었어. 향회라는 회의를 열어 여론을 모으기도 했지. 또 수령한테 자문도 해 주고 수령이 한 잘못을 고발하기도 했어. 오늘날의 지방 의회와 비슷한 일을 한 거야.
 지방에 유향소가 있다면 한양에는 나라에서 만든 경재소가 있었

8도의 이름은 어떻게 지었을까?

경기는 서울 경(京)에 왕도 주위의 500리 땅을 뜻하는 기(畿)를 합쳐 지은 것으로, 서울을 중심으로 한 주위의 가까운 지방을 뜻한다. 나머지 도의 이름은 각 도에 있는 큰 고을 이름을 합쳐서 지었다. 충청도는 충주와 청주, 전라도는 전주와 나주, 경상도는 경주와 상주, 강원도는 강릉과 원주, 황해도는 황주와 해주, 평안도는 평주와 안주, 함길도는 함흥과 길주를 합친 이름이다. 함길도는 나중에 함경도로 바뀌었다.

52

어. 경재소에서는 중앙의 관리가 자기 출신 지역의 유향소를 관리했어. 중앙 정부와 지방 유향소 사이에서 다리 역할을 하며 유향소를 도왔지. 그러면서 유향소가 수령과 한통속이 되어 백성을 괴롭히지는 않는지 감시하기도 하고, 수령이 하는 일을 방해하지 못하도록 유향소를 억누르기도 했어.

자, 어떠니? 조선은 고려보다 왕과 중앙 정부의 힘이 강해졌고, 지방 행정 조직도 더 짜임새 있게 짜진 것 같지 않니?

한양은 5위와 금군이, 지방은 육군과 수군이 지키다

조선은 나라를 세울 때부터 군사 제도를 다시 마련하기 위해 애썼어. 고려 말, 군사 제도가 무너지고 왕족이나 귀족들이 사병을 거느리면서 나라가 더욱 혼란스러워졌거든. 권력을 지닌 사람들이 군사력까지 가지고 있으면 언제 서로 힘겨루기를 할지 모르잖아. 군사력이 흩어져 있으니 나라를 지킬 수 있는 힘도 크게 떨어졌고. 그래서 조선 초에 정도전이 사병을 없애고 군사력을 중앙으로 모으려고 한 거야. 정도전이 죽으면서 실현되지 못했지만 말이야.

결국 사병을 없앤 건 누구니? 그래, 태종이야. 태종도 사병을 그대로 두면 왕권이 위협받고 나라의 군사력도 떨어질 거라고 생각했어. 그래서 태종은 왕족이나 건국 공신들의 반대를 무릅쓰고 사병을 없앤 뒤, 이 군사들을 당시 군사 업무를 맡고 있던 삼군부로 끌어들였어. 흩어져 있던 나라의 군사력을 한곳으로 모은 거야. 삼군부는 세

태조는 사병을 없애 나라의 군사력을 강화했어~.

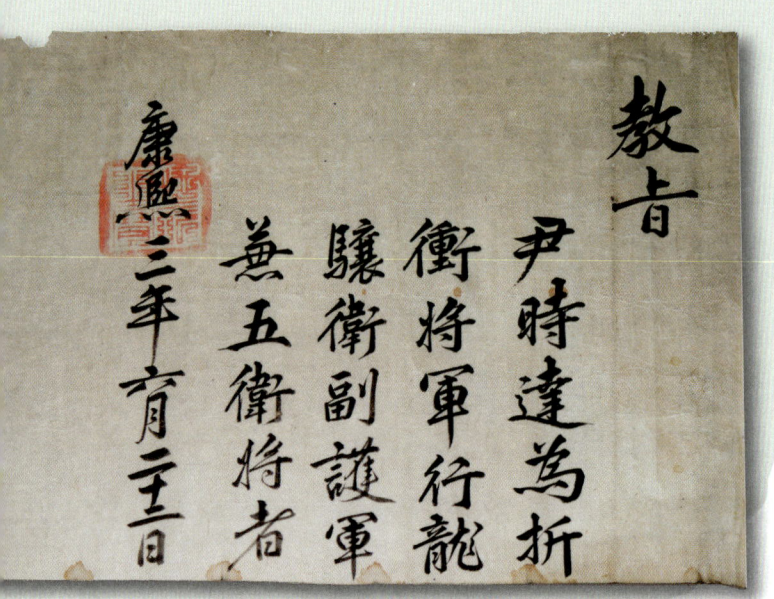

5위도총부 교지
교지란 임금이 4품 이상의 벼슬아치에게 내리는 임명장으로, 위 사진은 윤시달을 절충장군 용양위 부호군 겸 5위장으로 임명하는 내용의 교지이다.

조 때 5위도총부로 바뀌었어.

조선 시대에 한양을 보호하고 방어하는 군사 조직, 즉 중앙군으로는 5위와 금군이 있었어. 5위는 의흥위, 용양위, 충무위, 호분위, 충좌위로, 한양을 5개 지역으로 나누어 지켰지. 5위도총부가 중앙군인 5위를 지휘하고 감독했어. 각 위는 다시 5부로 나뉘고, 각 부는 4통으로 구성되었어. 5위가 궁궐을 지키기는 했지만, 왕을 보호하는 경호원들은 금군이라고 따로 있었어.

그럼 지방 군사 조직은 어땠을까? 지방군은 육군과 수군으로 나눌 수 있어. 수군은 요즘의 해군과 비슷한 거야. 조선은 8도에 각각 1~3개의 병영을 두었어. 병영은 육지에 있는 군사 기지를 말해. 병영을 책임진 사람은 병마절도사였는데, 병마절도사는 바로 그 지방을 다스리는 관찰사가 맡았어. 지방관이 군사 지휘권도 가지고 있었다는 거 기억나지? 그런데 군사적으로 중요한 지역에는 직업 군인으로 뽑은 병마절도사를 더 보냈어. 함길도와 경상도에는 병영이 둘 있었어. 여진족과 왜구가 자주 쳐들어오는 곳이었기 때문에 군사력도 2배로 늘린 거야.

육군을 병영에서 관리했다면, 수군은 수영에서 관리했어. 수영은 해군 기지 같은 거지. 그러니 수영은 경기도, 충청도, 경상도, 전라도 같은 서해안과 남해안 일대에 있었어. 수영의 책임자는 수군절도사였고, 경상도와 전라도에는 수영이 둘 있었어. 왜구가 자주 쳐들어오는 곳이었기 때문이야.

그리고 각 지방의 중요한 곳에는 성을 쌓았어. 외적이 쳐들어올 것에 단단히 대비하기 위해서였지. 전라남도 순천의 낙안 읍성, 충청남도 서산의 해미 읍성 같은 것들이 이때 만들어진 거야.

군사들은 누가 되었을까? 원칙적으로는 16살 이상부터 60살까지의 양인 남자들은 누구나 군역의 의무를 져야 했어. 노비는 권리가 없기 때문에 군역의 의무도 지지 않았지. 다만 나라가 위태로울 때 특수군으로 편성되기는 했어.

양인
법적으로 천인을 제외한 양반, 중인, 상민은 모두 양인에 속했다.

낙안 읍성
전라남도 순천에 있는 조선 전기의 읍성. 외적의 침입을 막기 위해 쌓은 것으로, 조선 시대의 읍성 가운데 가장 온전히 남아 있는 것 중의 하나이다.

그럼 양인에 속했던 양반이나 중인도 군역의 의무를 졌을까? 그렇지 않았어. 양반은 관리로서 나랏일을 하고 유생들은 공부를 해야 한다는 이유로, 또 중인은 통역관이나 향리로 나라를 위해 일한다는 이유로 말이야. 그래서 대체로 농사를 짓는 농민들이 군사가 되었지.

이런 정규군 말고 일종의 예비군도 있었어. 잡색군이라고 하는데, 전직 관료, 서리, 향리, 노비 등으로 구성되었지. 이들은 평소에는 자기 일을 하다가 외적이 쳐들어오거나 위급한 일이 생겼을 때 일정 기간 동안 훈련을 받고 자기 고을을 지켰어.

봉수 제도와 역원 제도로 소식을 전하다

지금은 우리나라는 물론이고 다른 나라에서 일어나는 일들도 집에 앉아서 다 알 수 있지? 텔레비전이나 인터넷, 신문 등을 통해서 말이야. 옛날과는 비교할 수 없을 정도로 통신이 발달한 거야. 그럼 조선 시대에는 외적이 쳐들

봉수대
봉화를 올리던 곳으로, 불을 지피는 화두가 5개 있어 때에 따라 올리는 봉화의 개수가 달랐다. 수원 화성 봉수대의 모습이다.

어오거나 중앙에 빨리 알려야 할 일들이 생겼을 때 어떻게 했을까? 봉수 제도와 역원 제도를 이용했어.

봉수 제도는 전국에 있는 중요한 산에 불을 피울 수 있는 봉수대를 만들어서 위급한 상황을 중앙에 알린 제도야. 봉수대는 본 적 있지? 굴뚝처럼 생긴 거 말이야. 서울의 남산에서도 볼 수 있잖아. 외적이 쳐들어오면 봉수대에 낮에는 연기를, 밤에는 불을 피워 알렸어. 이때 사용되는 연기와 횃불을 봉화라고 하는데, 상황에 따라 봉화를 올리는 개수가 달랐어. 보통 때는 1개, 적이 나타나면 2개, 적이 국경 가까이 오면 3개, 국경을 넘으면 4개, 전투가 벌어지면 5개를 올렸지. 그럼 비나 눈이 오거나 바람이 불어 불을 피울 수 없을 때는 어떻게 했을까? 대포 소리나 풀피리 소리로 알리기도 하고, 정 안되면 군사가 다음 봉수대까지 직접 가서 알렸어.

그러면 역원 제도는 무엇일까? 전국 주요 지역에 역과 원을 설치해 중앙과 지방이 서로 소식을 주고받을 수 있게 한 제도야. 조선 시대 전국의 8도는 한양을 중심으로 도로가 연결되어 있었어. 전국의

봉수 제도는 낮에는 연기를, 밤에는 불을 피워 위급한 상황을 알린 제도야!

마패
관리들이 공적인 일로 지방 출장을 갈 때 역마를 이용할 수 있도록 발급한 패이다. 한쪽 면에는 말의 마리 수를 새기고, 다른 쪽 면에는 일련번호에 해당하는 자호와 발급 연월일을 새겼다.

왕의 명령을 받고 비밀리에 지방을 살피던 암행어사는 마패를 인장(도장)으로 쓰기도 했어.

주요 도로에는 보통 30리마다 역을 두었어. 역은 역참이라고도 해. 역에는 역마와 역졸을 두고, 관리나 암행어사 같은 나랏일을 하는 사람들한테 탈것, 먹을 것, 잠자리 같은 것을 주었어. 역마와 역졸이 뭐냐고? 역마는 역참에 둔 말로, 마패를 갖고 있는 사람만 사용할 수 있었어. 마패에는 쓸 수 있는 말의 수가 새겨져 있었지. 역졸은 역참에 있으면서 적의 침입이나 군사 정보를 알리기도 하고, 왕의 명령을 전하거나 공문서, 공물 같은 것을 나르는 일을 한 사람이야. 조선 시대에는 전국에 역이 500여 개나 있었대. 꽤 많았지?

원은 지방에 파견되는 관리같이 공적인 일을 하는 사람들한테 잘 곳과 먹을 것을 주던 공공 여관이야. 교통이 좋지 못하거나 도둑이나 사나운 동물들이 나오는 곳에 설치해 여행자들을 보호했어. 원래 공적인 일을 하는 사람들이 이용하는 곳이었지만, 때때로 일반인도 이용할 수 있었지. 장호원, 사리원 같은 지역 이름 들어 봤지? 이런 이름을 보면 '여기는 조선 시대에 공공 여관이 있었던 곳이구나.'라고 생각하면 돼.

유학 교육과 과거를 실시해 관리를 뽑다

어느 나라 어느 시대에나 그 사회가 바라는 인재상이 있어. 그 인재를 키우기 위해 교육의 방향을 정하지. 창의력을 중요하게 생각하면 창의성을 키우는 교육을 하고, 인성을 중요하게 생각하면 올바른 인성을 기르기 위한 교육을 할 거야. 유교의 나라인 조선에서는 당연히 유교 사상으로 잘 닦여진 사람이 필요했어.

그래서 조선은 모든 교육이 유학에 맞춰졌어.

양반집 아이들은 어릴 때부터 서당에 가서 공부했어. 서당은 조선의 사립 초·중등학교라고 할 수 있지. 서당에서는 먼저 《천자문》으로 한자를 익혔어. 《천자문》을 떼고 나면, 《동몽선습》, 《명심보감》 같은 책으로 문장을 읽고 뜻을 이해하는 공부를 했어. 기본적인 유학 지식을 쌓은 거야. 서당 공부를 마치면 한양에서는 4부 학당에, 지방에서는 향교에 들어갔어. 요즘의 중·고등학교라고 할 수 있지. 4부 학당과 향교에서는 사람이 지켜야 할 도리를 담은 《소학》, 혼인식, 장례식 같은 의식과 관련된 유교 예법을 정리한 《가례》 등을 중요한 교재로 썼어. 4부 학당이나 향교에서 공부해 소과의 생원시와 진사시에 합격한 사람은 성균관에 입학할 수 있었지.

성균관은 한양에 있었던 조선 최고의 교육 기관이야. 요즘의 국립대학이라고 할 수 있지. 성균관에 다니는 학생들을 유생이라고 해. 유생들은 관리가 될 수 있는 과거 시험인 대과를 보기 위해 성균관에서 먹고 자면서 공부했어. 성균관에서는 학비는 물론 기숙사비까지 모두 나라에서 대 주었어. 유생들은 《논어》, 《맹자》, 《시경》 같은

〈서당〉
김홍도가 그린 풍속화를 모아 놓은 《단원풍속도첩》에 실린 그림. 서당의 훈장과 학동들의 모습을 익살스럽게 그린 작품이다.

성균관 명륜당
서울 종로구에 있는 조선 시대 성균관의 명륜당으로, 이곳에서 유생들에게 유학을 가르쳤다.

조선 시대 최고의 직업은 나랏일을 하는 관리였어.

유교 경전을 공부하면서 과거 시험을 준비했지. 그런데 유생들이 공부만 한 건 아니야. 공자에 대한 예를 올리기도 했어. 성균관에는 공자를 모시는 사당인 문묘가 있었거든. 문묘인 대성전에서 공자를 기리는 제사를 지낸 거야. 공자를 모시는 제사는 향교에서도 지냈어. 공부만 하는 오늘날의 학교와는 많이 다르지? 그럼 나라에서 유학만 가르쳤을까? 그렇지는 않았어. 의사나 통역관 같은 사람들도 필요했으니까. 의학, 법학, 천문학, 외국어 같은 교육은 그 일을 맡은 관청에서 실시했어.

조선 시대 사람들은 공부를 하면서 무엇이 되길 바랐을까? 유학을 공부하는 이들이 가장 바란 건 과거 시험에 합격해 관리가 되는 거였어. 평생 과거 준비를 했다고 해도 지나친 말이 아니지. 과거 시험에는 정기 시험과 특별 시험의 두 가지 종류가 있었어. 정기 시험으로는 보통 3년마다 실시하는 식년시가 있었고, 비정기적으로 보는 특별 시험으로는 나라에 경사가 있을 때나 문묘에서 제사를 지낸 다음 실시하는 시험들이 있었어.

 과거 시험은 문과, 무과, 잡과로 나누어 실시했어. 문과는 양반들이 주로 응시하고, 무과는 양반이나 향리, 상민 들이, 잡과는 중인이 많이 응시했어.

 문과는 문관 관리를 뽑는 시험으로, 문과를 보기 위해서는 먼저 예비 시험인 소과를 치러야 했어. 소과에는 유교 경전에 대해 얼마나 이해하고 있는지 보는 생원시와 글 쓰는 능력을 평가하는 진사시가

〈왕세자 성균관 입학식〉
왕세자는 궁궐 안에서 교육을 받았지만, 조선 최고의 교육 기관인 성균관에 입학하는 의식을 의례 형식으로 행하였다. 익종(효명 세자)의 입학식 장면을 그린 그림이다.

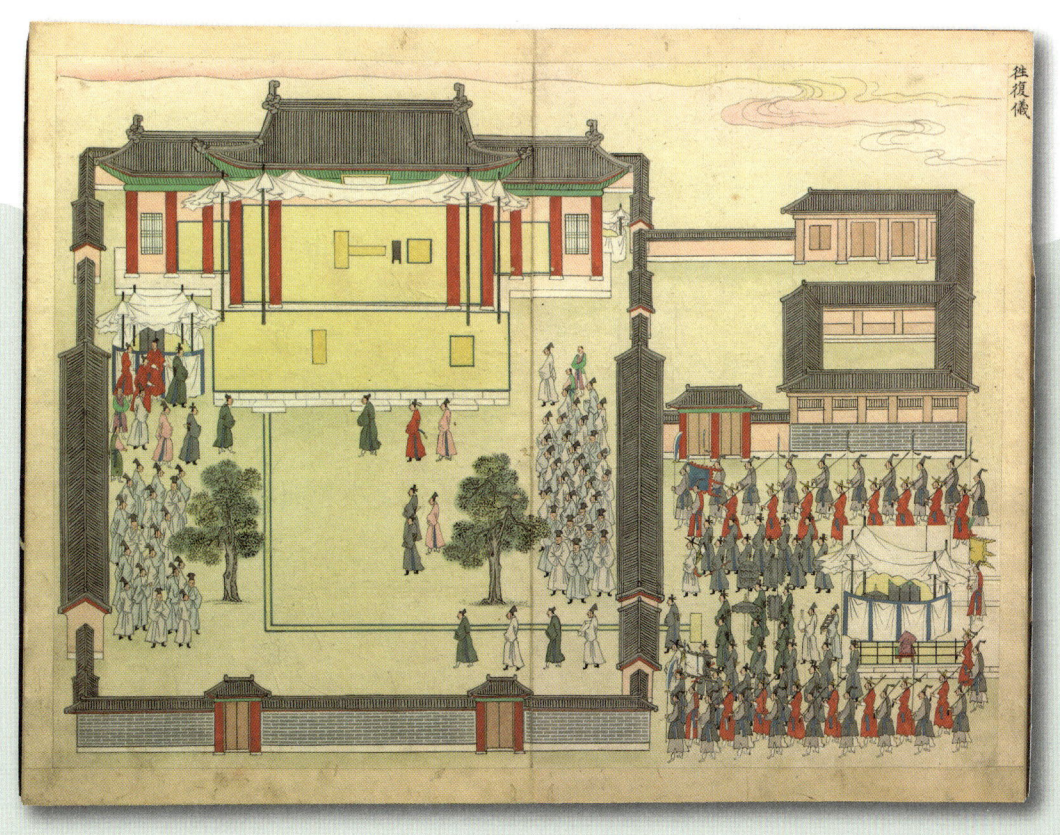

〈북새선은도〉
화원 화가인 한시각이 그린 것으로, 함경도에서 실시된 과거 시험 장면을 그린 그림이다.

대과(문과)의 전시에서 1등을 하면 장원 급제!

있었어. 여기서 합격한 사람들은 성균관에 들어갈 수 있었어. 성균관에 들어간 뒤에는 대부분 대과(문과)를 볼 수 있었지. 조선 후기가 되면 소과를 보지 않고 바로 대과를 보는 일도 많아지게 돼. 대과는 초시, 복시, 전시라는 3단계 시험을 보는데, 전시에서 1등을 하면 장원 급제가 되는 거야. 3년마다 문과 관리 33명을 뽑았는데, 진짜 관리가 되려면 한참을 기다려야 했어.

무과는 무관을 뽑는 시험이었어. 3년마다 치러서 28명을 뽑았지. 주로 활쏘기 같은 실기 시험을 보다가 나중에는 유교 경전, 병법 같은 필기 시험도 봤어.

자, 그럼 쉬어 가는 문제 하나 내 볼까? 문과 생원시에 합격한 사람은 생원, 진사시에 합격한 사람은 진사라고 불렀어. 그럼 무과에 합격한 사람은 뭐라고 불렀을까? 무과! 아니, 선달이야! 사극 볼 때 김 선달, 이 선달로 불리는 사람들 있지? 바로 무과에 합격한 사람들을 뜻하는 거야.

잡과에서는 법이나 천문 관련 일을 하는 관리, 통역관, 의사, 관청

업무를 돕는 서리 같은 사람을 뽑았어.

이처럼 조선에서는 주로 과거 시험을 통해 관리를 뽑았어. 고려에서는 5품 이상 되는 관리의 자식은 과거를 보지 않고 관리가 될 수 있었지만, 조선에서는 2품 이상은 되어야 했어. 조선에서도 음서나 추천으로 관리가 될 수 있기는 했지만, 고려보다는 훨씬 어려웠던 거야. 그래서 관리가 되려면 대부분 과거 공부를 해야 했어.

관리가 되기 위한 이런 교육은 양인 이상이면 누구나 받을 수 있었어. 하지만 실제로는 주로 양반집 아이들이 교육을 받고 과거를 보았어. 일반 백성 아이들은 공부할 여유가 없었거든. 먹고살려면 농사일이든 집안일이든 거들어야 했으니 말이야.

음서
공신이나 고위 관리의 자제가 과거를 보지 않고, 간단한 시험만 거쳐 관리로 채용되었던 일.

백패와 홍패
소과에 합격하면 흰색 문서인 백패를, 대과에 합격하면 붉은 종이에 먹으로 쓴 홍패를 합격증으로 주었다.

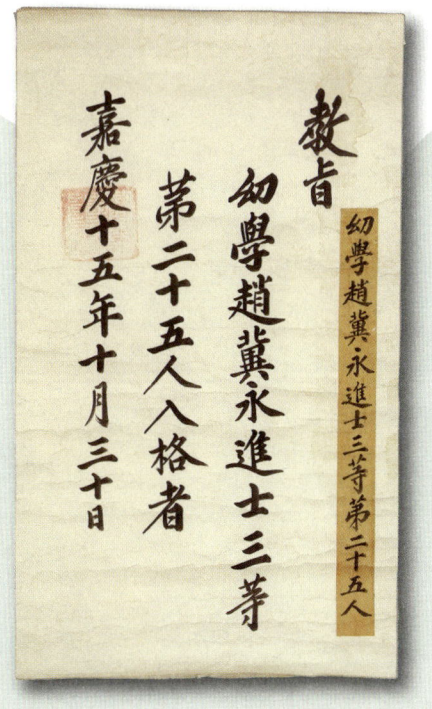
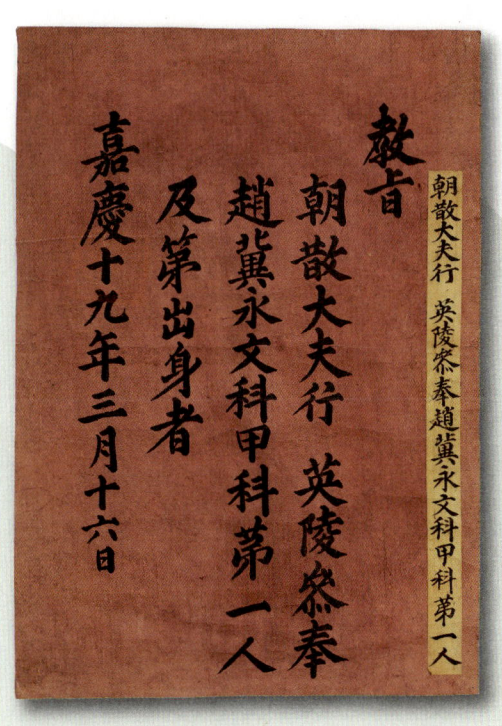

조선 시대 수재, 슬기의 일생

한눈에 보는 한양

정도전이 유교 사상을 바탕으로 설계한 한양은 태종 때 그 모습을 갖추었다.
한양은 왕족, 관리, 아전, 백성 등 10만 명 정도가 살 수 있게 만들어졌다.

조선의 울타리, 한양 도성 북쪽으로는 백악(북악산, 현재 청와대 북쪽), 남쪽으로는 목멱산(남산), 동쪽으로는 타락산(낙산, 현재 동숭동 동쪽), 서쪽으로는 인왕산(현재 청와대 서쪽)이 둘러싸고 있다. 이 산들을 연결하여 한양 도성을 쌓고 큰 문 4개, 작은 문 4개를 세웠다.

왕족이 사는 곳, 경복궁 나라의 공식 행사나 조회 등에 사용한 중심 건물인 근정전, 임금이 업무를 보았던 사정전과 침실인 강녕전, 왕비가 머물렀던 교태전, 연회장이었던 경회루 등으로 이루어져 있다.

땅과 곡식 신을 모신 사직 궁궐 오른쪽에는 사직을 세우고 왕이 땅의 신과 곡식의 신한테 제사를 지냈다.

관청의 거리, 6조 거리 경복궁의 정문인 광화문 앞에서 남북으로 뻗은 6조 거리에는 의정부, 한성부, 6조, 사헌부 같은 중요한 관청이 들어섰다.

도성을 가로지르는 청계천 도성 안은 청계천을 기준으로 남쪽과 북쪽으로 크게 나뉘었다. 청계천 북쪽은 궁궐, 관청, 교육 기관이 가까워 주로 양반층이나 관리들이 살았다. 시전 상인들은 청계천의 다리인 광통교를 중심으로 퍼져 살았고, 지금의 남산인 목멱산 북쪽 기슭은 '남산골 샌님'이라 하여 대체로 힘없는 선비들이 살았다.

한양은 500년 동안 조선의 수도이자 왕이 사는 왕도로 그 구실을 다하였고, 지금까지도 대한민국의 수도로 자리 잡고 있다. 역사의 도시 한양을 한눈에 살펴보자.

왕실 조상을 모신 종묘
궁궐 왼쪽에는 종묘를 세워 세상을 떠난 왕과 왕비의 위패를 모셔 놓고 제사를 지냈다.

사람도 세금도 나른 뱃길, 한강
도성 바깥쪽으로는 한강이 흐르고 있다. 조선의 한강은 멀리 남한강을 따라 충주에서 올라온 뱃길과 북한강을 따라 춘천에서 올라온 뱃길이 만나는 중요한 수상 교통로가 되었다. 사람뿐만 아니라 세금으로 거둔 곡식을 한강을 통해 날랐다.

상점의 거리, 운종가
6조 거리와 동서로 만나는 곳이 지금의 종로인 운종가이다. 운종가에는 육의전 같은 큰 시장이 열려 수많은 사람이 오고갔다. 육의전은 관청에서 필요한 6가지 물건(비단, 무명, 명주, 종이, 모시, 생선)을 파는 시장이다.

2장 나라 안팎으로 번영하다

세종은 나라를 안팎으로 발전시키며 백성을 근본으로 한, 백성을 위한 나라를 만들어 갔다. 집현전을 통해 인재를 기르고, 학문을 발달시켰다. 학문의 발달로 역사, 지리, 의례 등과 관련된 책들이 많이 나왔다. 집현전 학사들이 연구한 것들은 나라를 다스리기 위한 정책을 만들거나 백성들 삶의 수준을 높이는 데, 다른 나라와 외교 관계를 맺는 데 활용되었다.

우리 농법을 담은 《농사직설》을 펴내 농업이 발달하였고, 신분을 따지지 않고 장영실 같은 인재를 뽑아 천문학과 과학 기술이 발전하였다. 우리글 훈민정음을 만들어 백성들이 글자를 읽고 쓸 수 있게 되었고, 유교 도덕책을 만들어 백성들을 가르쳤다. 또한 궁중 음악인 아악을 정리하였다. 4군 6진을 설치해 영토를 넓히고 지금의 북쪽 국경 지역을 확정지었다.

세종은 백성들의 생활을 안정시키고, 사회, 문화, 과학 등 거의 모든 분야를 발달시켰다.

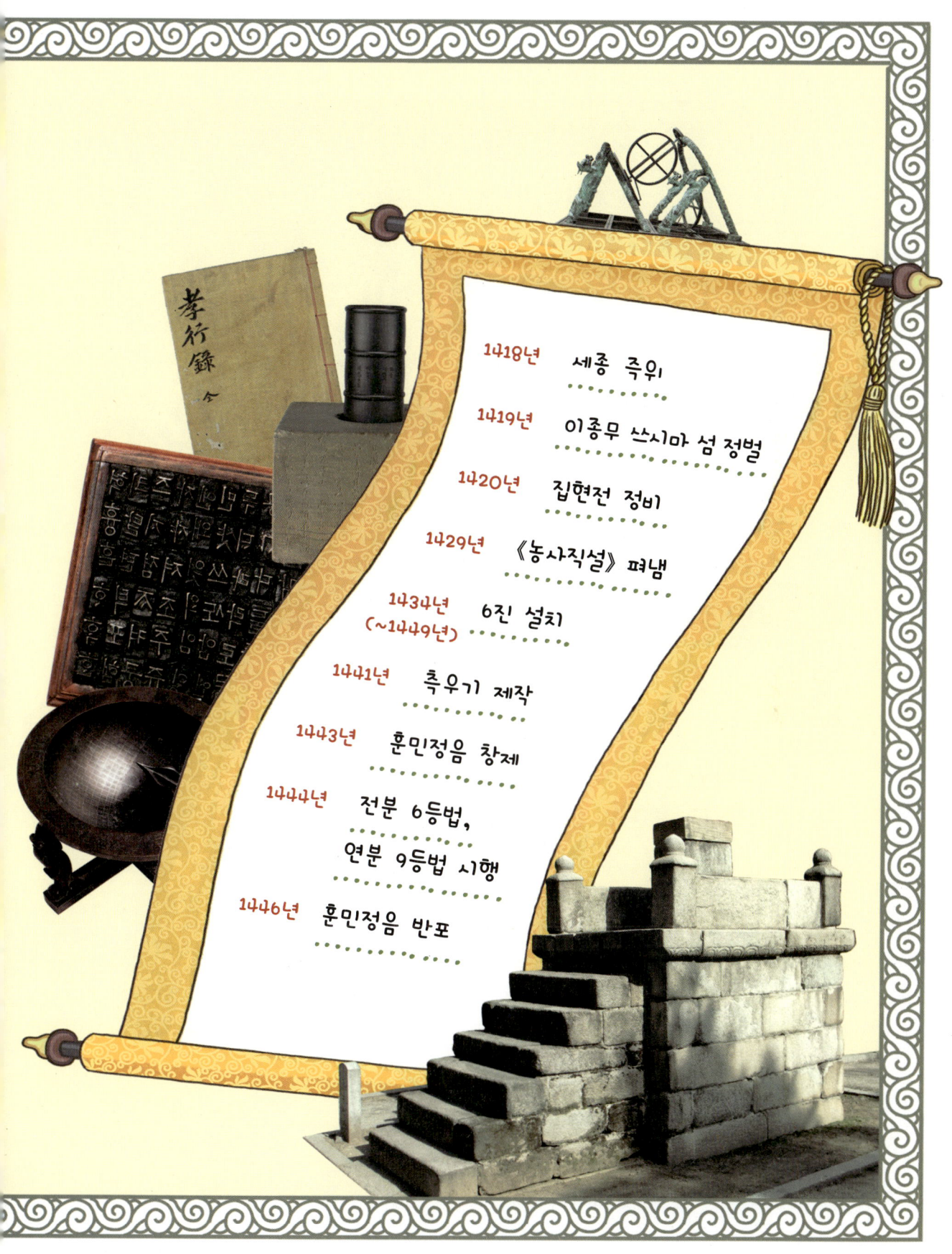

1418년 세종 즉위
1419년 이종무 쓰시마 섬 정벌
1420년 집현전 정비
1429년 《농사직설》 펴냄
1434년 6진 설치
(~1449년)
1441년 측우기 제작
1443년 훈민정음 창제
1444년 전분 6등법,
        연분 9등법 시행
1446년 훈민정음 반포

1. 인재를 기르고 학문을 발달시키다

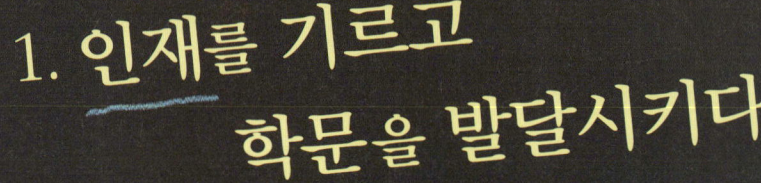

∨ 집현전에서 한 일은 무엇이었을까?
∨ 학문이 발달하면서 나온 책들은?
∨ 인쇄술은 어느 정도 발달했을까?

집현전, 인재의 요람이자 학문 연구의 중심이 되다

세종은 왕으로서 그 역량을 한껏 발휘하기 시작했어. 태종이 강화해 놓은 왕권을 바탕으로 나라와 백성을 위한 정치를 펴 나갔지. 세종이 먼저 관심을 기울인 것은 학문 연구 기관인 집현전을 바로 세우는 거였어. 집현전은 고려 때 생겼지만 이름만 있고 제구실을 하지 못하고 있었거든. 세종은 집현전에 조선을 이끌어 갈 인재들을 모아 여러 가지 나랏일을 해낼 힘을 기르려고 한 거야.

집현전은 1420년(세종 2)에 어느 정도 모습을 갖추었어. 세종은 젊고 학문이 뛰어난 사람들을 집현전 학사로 뽑았어. 대부분 문과에 합격한 급제자 출신이었지. 신숙주, 정인지, 성삼문, 박팽년을 비롯해 100명에 가까운 인재들이 집현전을 거쳐 나라의 기둥으로 활동했어. 집현전은 1456년(세조 2)에 없어질 때까지 37년 정도 운영되었어.

집현전에서는 무슨 일을 했을까? 집현전 학사들은 유교 경전을 비롯한 여러 가지 학문을 연구했어. 또 중국에서 실시했던 갖가지 제도와 정책들도 연구했지. 연구한 내용을 책으로 펴냈고, 실제로 나라를 다스리는 데도 활용했어. 명나라와 평화적인 관계를 유지하기 위해 명나라 사신을 맞이하는 방안을 내놓기도 하고, 외교 문서를 만들기도 했어. 또 농사를 잘 지으려면 어떻게 해야 하는지, 약초에는 어떤 것들이 있는지 등 백성들 생활과 관련 있는 것들을 조사하고 연구하

경복궁 수정전
경복궁에 있는 건물로, 세종 때 집현전으로 사용되었다.

〈세종 대왕 어진〉
조선 4대 왕인 세종은
우리 역사상 가장 훌륭한
왕으로 손꼽힌다.
김기창의 작품으로, 1973년
표준 영정으로 지정되었다.

여 그 결과를 책으로 냈어.

집현전에서는 경연과 서연도 맡았어. 경연과 서연이 뭔지 알지? 경연에서는 왕과 신하가 모여 유교 경전과 나랏일에 대해 토론하고, 서연에서는 세자를 가르쳤어. 과거장에서의 시험관, 궁궐에서 일어나는 일을 기록하는 사관의 일도 집현전 학사들이 맡았어.

집현전 학사들은 나라에서 가장 뛰어난 인재들인 만큼 특별 대접을 받기도 했어. 사가독서라는 제도가 있어서, 3개월 정도 쉬면서 몸과 마음을 닦고, 궁궐의 잡다한 일에서 벗어나 책 읽기에 열중할 수 있었지. 집현전 학사들이 책을 많이 읽고 연구를 잘할 수 있도록 적극적으로 지원한 거야.

세종이 집현전 학사들한테 쏟아부은 관심과 애정은 부모가 자식한테 하는 것과 같았어. 집현전 학사들에 대한 세종의 사랑을 잘 보여 주는 이야기가 여럿 있어. 그 가운데 신숙주가 밤새 공부하자 세종도 밤새 공부하고, 신숙주가 책상에서 그대로 잠들자 세종이 입고

있던 옷을 벗어 덮어 주게 했다는 이야기도 있지. 마치 아이들이 늦게까지 공부하고 있으면 자지 않고 아이들을 보살펴 주는 엄마처럼 말이야. 집현전 학사들은 세종의 관심과 사랑에 보답이라도 하듯 많은 열매들을 거두어 냈어. 많은 연구 보고서를 쓰고, 책도 많이 펴냈어. 세종 때 집현전을 중심으로 시작된 학문 연구는 세조, 성종 때까지 이어져 조선의 학문과 문화, 과학 기술을 크게 발달시켰어.

학문이 발달하면서 여러 가지 책들이 만들어지다

집현전에서 연구한 분야는 무척 다양했어. 역사, 예법, 지리, 의학, 병법 등 거의 다루지 않은 분야가 없었어. 이전에 나온 책들을 열심히 검토해서 부족한 부분은 채우고 잘못된 부분은 고쳐서 새로 펴냈어. 새로운 내용을 담은 책들도 많이 펴냈지.

조선이 새 나라를 열면서 가장 먼저 관심을 둔 분야가 뭘까? 역사였어. 역사를 통해 새 나라를 세울 수밖에 없었던 까닭을 밝히기 위해서였지. 무슨 소리냐고? 고려 역사를 정리하면서, 고려 말에는 나라가 무척이나 어지러웠기 때문에 새 나라를 세울 수밖에 없었다고 정당화하는 거지. 백성들이 새 나라와 새 왕조를 받아들일 수 있도록 말이야. 그래서 태조 때 정도전이 《고려국사》를, 태종 때 권근이 《동국사략》이라는 역사책을 지었어. 세종은 이것으로 만족하지 않았어. 이 책들에는 빠지거나 잘못된 내용들이 많았기 때문이야. 세종은 적극적으로 고려 역사를 연구하고 정리하게 했어.

세종 때 본격적으로 시작된 고려 역사 정리 작업은 문종을 거쳐 단종 때 결실을 맺었어. 그 책이 바로 《고려사》야. 《고려사》는 139권에 이를 정도로 분량이 많고, 내용이 아주 풍부해. 지금도 고려 역사 연구에 귀중한 자료로 활용되고 있지. 또 세종은 단군 조선에서 고려 말까지의 역사를 노래 형식으로 엮은 《동국세년가》, 조선 건국 과정을 노래로 엮은 《용비어천가》를 만들어 백성들도 쉽게 역사를 이해할 수 있게 했어.

세조는 고구려 역사에 무게를 둔 역사책을 만들게 했어. 왕권을 강

세종 때는 역사뿐만 아니라 유교 예법, 의학, 지리 등 다양한 분야의 책을 냈어.

《고려사》
고려 역사를 정리한 책. 왕실 일에 대한 세가 46권, 제도들에 대한 지 39권, 연표를 기록한 표 2권, 사람들의 전기를 쓴 열전 50권, 목록 2권 등 모두 합쳐 139권으로 되어 있다.

《효행록》
세종이 1428년, 설순한테 쓰게 했다. 옛날 사람들이 부모에게 효도한 이야기 가운데 본받을 만한 것들을 모아 엮었다.

화하고, 고구려처럼 강한 나라를 만들고 싶어서였지. 그래서 만든 책이 고조선부터 고려까지 다룬 《동국통감》이야. 이 책은 성종 때 완성되었는데, 신숙주, 노사신, 서거정 같은 사람들이 만들었어.

조선에서 역사 못지않게 중요하게 생각한 분야는 무엇일까? 유교 윤리와 예법에 대한 거야. 유교적인 사회 질서를 만들고 유지하기 위해서는 그런 책들이 꼭 필요했지. 세종은 《효행록》을 펴내 백성들이 부모한테 효도하도록 이끌었고, 충, 효 같은 유교의 가르침을 알리기

《국조오례의》에서 오례란?

오례는 다섯 가지 예를 말한다. 나라에서 하는 제사에 관한 길례, 장례에 관한 흉례, 혼인에 관한 가례, 나라의 큰 손님을 대접하는 빈례, 군대에서 행하는 군례를 말한다.

《향약집성방》

1431년 가을에 유효통, 노중례, 박윤덕한테 만들게 해 1433년 6월에 완성되었다. 이 책에는 우리나라에서 나는 약재에 대한 정보, 질병에 대한 예방법과 치료법 등이 실려 있다. 85권으로 되어 있다.

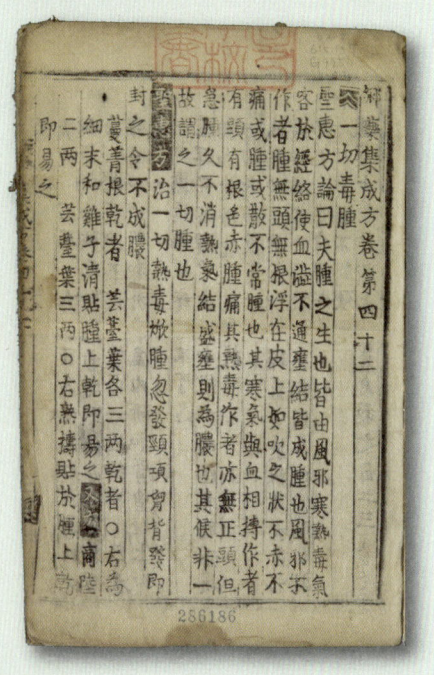

위해 《삼강행실도》를 만들었어. 《삼강행실도》는 우리나라의 효자, 충신, 열녀 들을 뽑아 그들의 이야기와 그림을 함께 실은 책이야. 부모와 자식, 임금과 신하, 남편과 아내 사이에 지켜야 할 도리들을 다루었지. 《국조오례의》는 세종 때 만들기 시작하여 성종 때 완성된 유교 예법에 관한 책이야. 종묘와 사직에 드리는 제사, 왕실의 혼인과 세자 책봉, 사신 접대, 활쏘기와 강무 의식, 왕실의 장례 같은 의례를 지내는 법에 대해 정리하고 있지.

세종은 의학에도 관심이 많았어. 당시에는 전염병을 비롯한 여러 가지 질병으로 백성들 고생이 심했거든. 그래서 《향약집성방》, 《의방유취》 같은 의학서들이 나왔어.

조선은 지도와 지리지 만드는 데에도 큰 관심을 가졌어. 북쪽 땅을 되찾고 전국의 행정 구역을 다시 짜서 효율적으로 나라를 다스리기 위해서였지. 지도 중에서 가장 눈에 띄는 것은 1402년에 만든 세계 지도 〈혼일강리역대국도지도〉야. 이 지도는 아라비아 지도학의 영향을 받은 원나라의 세계 지도에 한반도 지도를 덧붙여 만들었어. 중국은 물론 유럽, 아프리카, 아라비아 지역까지 자세히 나와 있지. 지도를 한번 봐 봐. 중국을 중심으로 하면서도 우리나라를 크게 그린 모습이야. 중국과 우리나라를 세계의 중심이라고 생각한 것 같지 않니?

한편 세종은 조선의 지리를 자세히 설명한 지리지를 만들게 했어. 전국의 실정을 잘 알아야 나라를 제대로 다스릴 수 있으니까~. 지리지에는 각 군현의 내력, 토지 면적, 집의 수, 인물, 토산물, 문화 유적들에 대한 정보가 들어 있어. 대표적인 것이 《팔도지리지》

강무 의식
임금이 신하와 백성들을 모아 함께 사냥하며 무예를 닦던 행사이다. 한양에서는 사계절이 끝날 무렵에, 지방에서는 봄, 가을에 이루어졌다. 사냥해서 잡은 동물로 종묘와 사직, 지방 사직에서 제사를 지냈다.

〈혼일강리역대국도지도〉
1402년(태조 2)에 김사형, 이무 등이 제작한 세계 지도이다. 현재 동양에 남아 있는 세계 지도 가운데 가장 오래된 것으로 평가받고 있다.

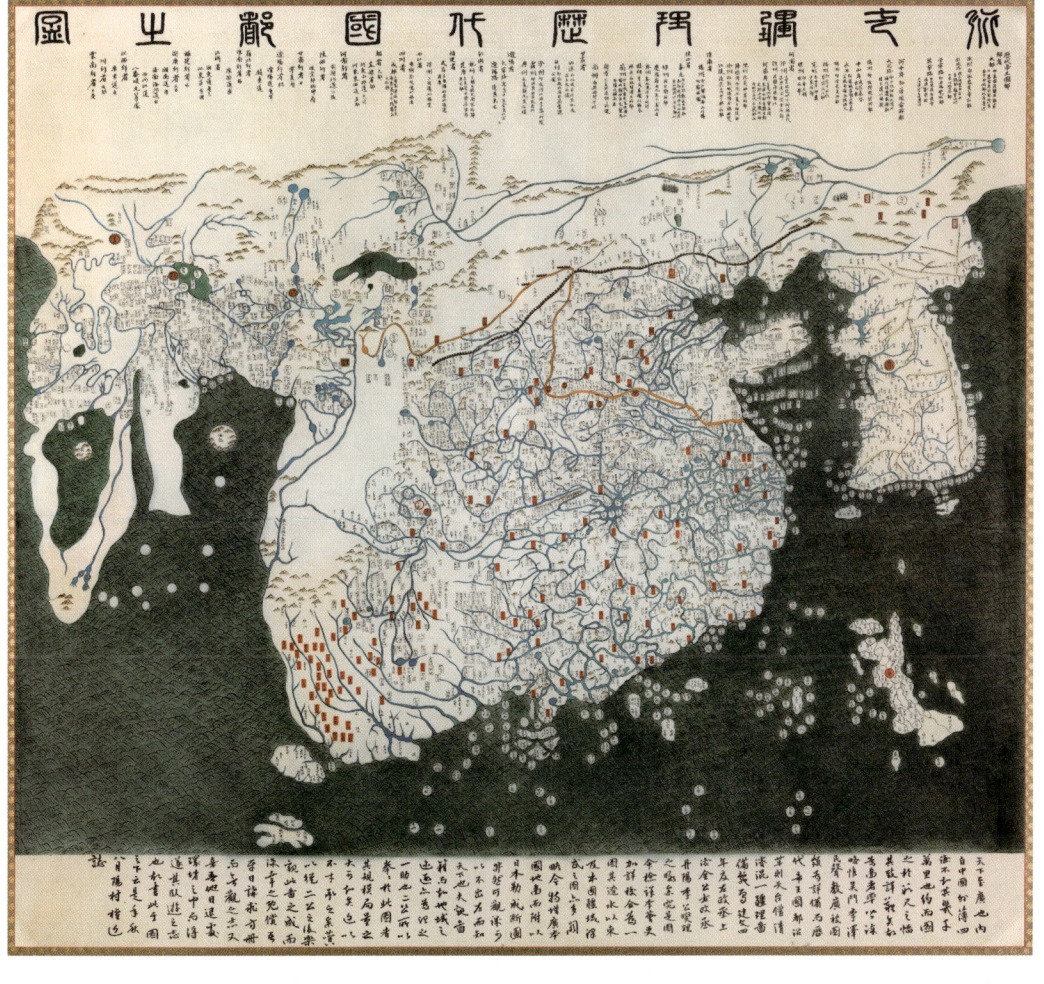

《신증동국여지승람》
1530년 중종 때 이행, 윤은보 등이
《동국여지승람》을 개정, 보완하여
편찬한 지리서이다.

조선 전기의 사회, 경제 상황을 알려 주는 책이야.

로, 우리나라에서 처음 만든 인문 지리지라고 할 수 있어. 이 가운데 지금까지 남아 있는 것은 《경상도지리지》뿐이야. 그 뒤 성종 때 나온 지리지로 《동국여지승람》이 있고, 1530년에는 《동국여지승람》을 보완해 《신증동국여지승람》을 만들었어. 이 지리지는 지금까지 남아 있어서 조선 전기의 사회·경제 상황을 알아보는 데 많은 도움을 주고 있지.

이처럼 조선 전기에는 다양한 분야에서 여러 가지 책들이 만들어졌어. 세종이 집현전 학사들을 중심으로 열심히 학문을 연구하게 하고 그 결과를 책으로 펴내게 하면서 세조, 성종을 거쳐 많은 책들이 나온 거야.

많은 책을 찍기 위해 인쇄술과 종이가 발달하다

학문이 발달하면 자연스럽게 발전하는 것이 무엇일까? 학문이 발달하면 그 결과를 책으로 내야 하고, 책을 빨리 잘 만들어 내려면 책을 찍어 내는 인쇄술이 발달해야겠지. 인쇄술이 발달하려면 활자가 좋아야 하고.

사실 인쇄술에 대한 관심은 조선 초부터 있었어. 1403년, 태종 때는 활자를 만드는 관청인 주자소를 설치해 '계미자'라는 금속 활자를 만들었어. 계미자는 놋쇠로 만든 조선 최초의 금속 활자야. 계미자는 고려 시대 금속 활자보다는 활자 모양이 비교적 고른 편이었어. 하지만 아직도 활자 모양이 다 고르지는 못했고 크기도 일정하지 않았어. 또 인쇄할 때 활자가 자주 흔들려서 여러 번 밀랍을 녹여 부어 바로잡아 줘야 했어. 그래서 하루에 몇 장밖에 못 찍었어.

이런 계미자의 단점을 보완해 나온 것이 1420년, 세종 때 만든 경자자야. 경자자로는 하루에 수십 장씩 인쇄할 수 있었어. 하지만 경자자도 글자체가 가늘고 빽빽해서 보기 불편했어. 세종은 좀 더 큰 새로운 활자를 만들라고 했어. 그래서 만들어진 활자가 1434년 갑인년에 만든 갑인자야. 갑인자는 이천, 장영실, 이순지 등 과학자와 천문 기기를 만들던 기술자들이 만들었어. 뛰어난 기술자들이 만든 만큼 갑인자는 아주 정교하고 네모반듯했어. 갑인자로 찍은 글자는 모양이 바르고 아름다웠지. 글자 크기도 경자자보다 커서 읽기 편했어. 이때부터 갑인자는 필요하거나 잘못된 활자를 다시 만들면서 조선 말까지 이용되었어.

1436년에는 병진자를 만들었어. 병진자는 조선 최초로 납으로 만든 활자라는 데 의의가 있지. 이 밖에도 1450년(문종 1)에는 경오자, 1455년(세조 1)에는 을해자 등 많은 활자들이 만들어졌어.

활자 인쇄술이 발달하면서 더불어 종이 만드는 기술도 발달했어. 책을 많이 만들 수 있게 되면서 종

계미자는 계미년에 만들어서 붙은 이름이야.

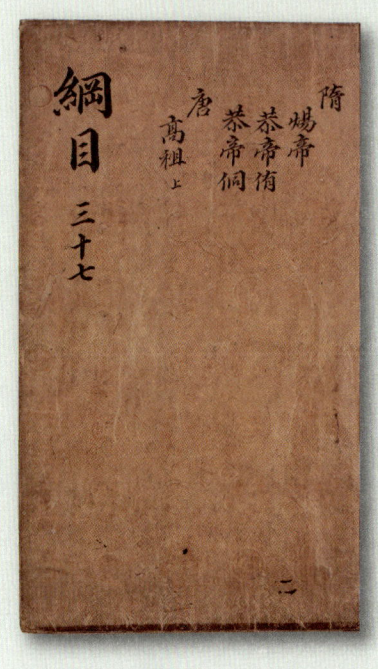

《자치통감강목》
중국 송나라의 사마광이 지은 중국 역사책 《자치통감》을 강목으로 구별하여 편집한 책이다. 1420년에 만든 금속 활자 경자자로 찍었다.

임진자 큰 활자
조선 후기 영조 때 만든 금속 활자이다. 이 임진자는 1772년에 갑인자를 자본으로 주조한 것으로, 다섯 번째로 주조되었다고 하여 '오주갑인자'라고도 한다.

이가 많이 필요했거든. 세종이 종이만 만드는 관청인 조지서를 따로 둘 정도였지.

　금속 활자와 종이가 발달하면서 조선은 많은 책을 펴낼 수 있었어. 덕분에 《조선왕조실록》 같은 세계 기록 유산을 남길 수 있었지.

조선을 생생히 기록한 《조선왕조실록》

조선 태조부터 철종까지 25대 472년 동안 각 왕대에 일어난 주요 사건을 날짜별로 기록한 책이다. 실록은 사건을 사실대로 정확하게 쓸 수 있도록 하기 위해 왕도 함부로 볼 수 없게 했다. 《조선왕조실록》은 오랫동안 정확하게 역사를 기록했다는 것을 인정받아 세계 기록 유산으로 지정되었다. 단, 《고종실록》과 《순종실록》은 일제 강점기 때 만들어져 잘못된 내용이 많기 때문에 실록에서 제외되었다.

세종과 박연 그리고 궁중 음악

우리 아악을 어떻게 생각하시오?

좋은 생각이오. 또 지금의 아악은 중국에서 들어온 것이니, 우리 정서에 맞게 고치는 것이 좋겠소.

기준음이 없어 악기의 음이 불완전합니다. 제가 조율해 보겠습니다.

알겠습니다.

세종은 악기도감을 설치해 박연에게 악기도 만들게 했어.

마마, 이 경 소리를 들어 보시지요.

아홉 번째 경돌 소리가 약간 높은 것 같소.

세종은 박연이 경을 만들 때, 소리를 들어 보고 조언을 하곤 했어. 박연은 세종의 예리한 지적과 조언에 감탄하곤 했지.

이번엔 경 소리가 어떻습니까?

많이 다듬어졌구려. 소리가 맑고 아름다웠소. 이제 여기저기 흩어져 있는 악보를 정리해 보시오.

박연은 세종의 명에 따라 아악, 당악, 향악의 모든 악기와 악곡, 악보를 개량한 아악보를 만들었어.

세종 대왕은 왜 음악을 중요하게 생각했나요?

유교에서는 의례를 할 때 음악을 중시했어. 유교 정치를 펼쳤던 조선에서도 음악을 중요하게 생각했지. 그래서 세종이 우리 정서에 맞게 아악(궁중 행사나 종묘 제례 때 쓰는 음악)도 정리하고, 악기도 만든 거란다.

2. 농업과 천문학이 발달하다

- 농사짓는 법은 어떻게 달라졌을까?
- 새롭게 정한 세금 제도는 어떤 것일까?
- 천문학과 과학 기술은 어느 정도 발달했을까?

우리 땅에 맞는 농사법을 《농사직설》에 담다

조선 시대에는 무슨 산업이 가장 중요했을까? 역시 농업이지~. 백성들 대부분이 농사를 짓는 농민이었으니까. 농사가 잘되어 풍년이 들면 백성들도 그럭저럭 먹고살 만했고, 흉년이 들면 굶어 죽기까지 했으니 한 해 농사를 잘 짓는 것은 참으로 중요한 일이었어. 다른 어느 왕보다 백성들의 삶에 관심이 많았던 세종은 농사에도 깊은 관심을 가졌어. 어떻게 하면 농사를 잘 지을 수 있을지 고민했지. 그 결과 1429년(세종 11)

《농사직설》
1429년(세종11)에 정초 등이 지은 농서. 각 도의 관찰사가 경험 많은 농부들에게서 들은 농사 지식을 모아 엮었다.

《농사직설》은 우리 실정에 맞지 않는 중국의 농사법에서 벗어나 우리 풍토에 맞는 농사법을 보급하는 계기가 되었어.

에 《농사직설》이 나왔어. 우리가 만든, 우리 땅에 맞춰 농사짓는 법을 알려 준 책이야.

그 전까지는 중국에서 가져온 《농상집요》라는 책에 따라 농사를 지었어. 이 책은 우리 농사에 그다지 도움을 주지 못했어. 중국과 우리나라는 기후도 다르고 흙도 달랐으니까. 그래서 세종은 당시 공조 판서였던 정초한테 우리 땅에서 농사를 잘 지으려면 어떻게 해야 하는지를 연구, 조사하게 했어. 정초는 지방 관리들한테 농사를 잘 짓는 사람들이 어떻게 농사를 짓는지 조사하게 했지. 관리들은 농사를 잘 짓는 농부들을 찾아가 이야기를 듣고 내용을 기록해 올렸어. 이런 자료들을 바탕으로 정초가 《농사직설》을 만든 거야.

〈논갈이〉
김홍도의 《단원풍속도첩》에 실린 그림. 2마리 소가 쟁기를 끌고, 2명의 농사꾼이 쇠스랑으로 흙을 고르는 모습을 그린 것이다. 조선 시대 농민들이 힘들게 농사일하는 모습을 보여 준다.

《농사직설》은 전국의 관리들에게 나누어 주어 농사에 실제 활용할 수 있도록 했어.

《농사직설》에서는 농사짓는 법을 지역별로 정리하고 있어. 지역에 따라 기후나 땅의 질, 물의 양 같은 것들이 달랐기 때문이야. 지역별 특징과 더불어 어떤 땅이 좋은지, 땅을 어떻게 갈아야 하는지, 씨앗은 어떤 게 좋은지, 언제 뿌려야 되는지, 김은 언제 매야 하는지, 가뭄이나 장마가 심할 때는 어떻게 해야 하는지, 농산물을 언제 거두어들여야 하는지 같은 것들을 알려 줬어. 우리 백성들이 농사를 지으면서 직접 경험한 것들을 바탕으로 정리했기 때문에 우리 농토와 기후에 잘 맞는 농사법을 담을 수 있었지.

세종은 책을 펴낸 것에 그치지 않고 직접 농사를 지어 보기도 했어. 경복궁 후원에 땅을 마련해《농사직설》에 따라 농사를 지은 거야. 그러면서《농사직설》에 따라 농사를 지으면 곡식을 더 많이 거둘 수 있다는 확신을 갖게 되었어. 세종은 백성들한테《농사직설》에 따라 농사를 지으라고 권했어. 그러면서 예전보다 많은 농산물을 거두게 되었고, 백성들의 생활도 그만큼 나아졌어.

공평한 세금 제도를 만들다

세종은 백성들의 짐을 덜어 주기 위해 또 다른 고민을 했어. 백성들이 내는 세금에 대해 생각한 거야. 백성들은 농사를 잘 지어도 세금을 내고 나면 갖게 되는 몫이 너무 적었거든. 게다가 땅이 기름지지 않거나 비가 오지 않거나 반대로 비가 너무 많이 와서 흉년이 들면 먹고살기도 힘들었어. 세종은 전국 곳곳이 땅의 질도 다르고, 매년 기후도 다른데 세금을 똑같이 걷는 것은 문제가 있다고 생각했어. 그래서 세금을 공평하게 걷는 방법을 연구하게 했고, 1444년에 전분 6등법과 연분 9등법이라는 새로운 세금법이 나왔어.

전분 6등법은 땅이 얼마나 기름지냐에 따라 땅을 1등전에서 6등전까지 6개 등급으로 나누어 세금을 매기는 거야. 땅이 기름지면 세금을 더 많이 내고 땅이 거칠면 적게 내는 거지. 그럼 연분 9등법은?

　한 해 동안 농사지은 결과를 상상년부터 하하년까지 9개 등급으로 나누어 세금을 매기는 거야. 농사가 잘된 지역은 세금을 많이 내고, 농사가 잘 안 된 지역은 적게 내는 거지.

　이렇게 세종은 모든 사람이 똑같은 세금을 내야 한다는 관념을 깼어. 환경과 형편에 따라 세금에 차이를 두어 백성들의 부담을 줄이려고 한 거야. 이 법들이 정해지기까지는 꽤 많은 시간이 걸렸어. 제대로 된 법을 만들기 위해 농민부터 관리에 이르기까지 전국적으로 여론 조사까지 하면서 신중하게 만들었거든. 농민들의 불만이 무엇인지 묻고, 토지 조사도 했어. 세금을 거둘 수 있는 토지는 어느 정도인지, 한 해 동안 거두어들이는 곡물은 얼마나 되는지 등을 알아보았지. 이런 자료를 모아 새로운 세금 제도를 내놓는 데는 10여 년이 걸렸어.

새로운 세금 제도를 실시하면서 백성들의 부담이 줄어들었어. 더불어 나라 창고도 든든해졌지. 토지 조사를 하면서 세금을 내지 않던 땅을 찾아내고, 땅을 새로 일구기도 하면서 좀 더 많은 세금을 거둘 수 있게 되었거든.

세금 제도를 바꾸기 위해 백성들에게 여론 조사까지 했다니, 정말 놀랍지?

천문학의 발달로 하늘의 움직임을 알다

한 해 농사를 잘 짓기 위해서는 먼저 무엇을 알아야 될까? 씨를 뿌리고 거름을 주고 풀을 뽑는 등 농사의 시기를 잘 알아야겠지. 그러려면 계절의 변화와 날씨, 시간을 정확히 알아야 했어. 그래서 발달한 것이 하늘의 움직임을 관찰하고 연구하는 천문학과 천문 관측기구, 시간을 알려 주는 시계야.

천문학의 중요성을 알고 있던 세종은 정인지와 정초에게 천문 관측기구를 만들어 보라고 했어. 정인지와 정초는 이전에 나온 책들을 참고하고 연구해 천문 관측기구의 원리를 찾아냈어. 이들이 연구하여 설계한 것을 바탕으로 1433년(세종 15), 장영실이 천문 관측기구인 간의와 혼천의를 만들었어. 또 같은 해에 돌로 쌓은 간의대가 만들어져, 1438년부터는 관리들이 매일 별을 관찰했어. 그 전에는 중

혼천의
천체의 운행을 알기 위해 천체의 방위와 고도를 측정했던 천문 관측기구이다.

간의
혼천의와 같은 천문 관측기구로, 관측에 편리하도록 구조를 간단하게 만든 것이다.

앙부일구
청동으로 만든 가마솥 모양의 해시계이다. 오목한 시계판에 세로선 7줄, 가로선 13줄이 있는데 세로선은 시각선이고 가로선은 절기선이다. 그리고 위도에 맞추어 북극을 향해 비스듬히 꽂은 침이 있다. 해가 동쪽에서 떠 서쪽으로 지면서 생기는 침의 그림자가 시각선에 비치어 시간을 알 수 있다. 또 절기마다 해의 고도가 달라지기 때문에 절기선에 나타나는 침의 그림자 길이가 다른 것을 보고 24절기를 알 수 있다.

국에서 별을 관찰한 결과를 받아들여 사용했는데, 세종 때부터는 우리 하늘의 움직임을 직접 관찰할 수 있게 된 거야. 조선 나름대로의 독자적인 천문학이 발달하기 시작한 거지.

천문학의 발달은 곧 역서 편찬으로 이어졌어. 역서는 시간을 구분하고 날과 달의 순서를 매기는 역법에 대한 책이야. 세종 때는 천문학의 발달 결과로 우리 역서인 《칠정산 내편》, 《칠정산 외편》이 만들어졌어. 《칠정산 내편》은 원나라의 역법인 수시력을 한양을 기준으로 고친 거고, 《칠정산 외편》은 이전에 아라비아 천문학을 바탕으로 만들어진 역서를 다시 해석해서 펴낸 거야. 이 책에는 한양을 기준으로 해, 달, 화성, 수성, 목성, 금성, 토성이라는 칠정의 위치를 계산하는 방법이 들어 있어. 우리나라의 날짜와 시간도 정확하게 계산해 기록했지.

천문학 발전은 시계 발명으로도 이어졌어. 1434년(세종 16), 장영실이 해시계인 앙부일구를 만들었어. 해시계는 해의 그림자로 시간을 알려 주는 시계야. 앙부일구로는 24절기도 알 수 있었어.

창경궁 일영대

세종 때는 낮에는 해를 보고, 밤에는 별을 보아 시간을 측정하는 '일성정시의'라는 천문 관측기구도 만들어졌다. 1536년(중종 31)에 창경궁에 보루각을 짓고 물시계를 두었는데 그 물시계의 오차를 보정하기 위해서 일성정시의를 두었다. 일성정시의를 올려놓았던 대가 바로 일영대이다.

《칠정산 내편》, 《칠정산 외편》
1444년에 이순지, 김담 등이 펴낸 역서. 《칠정산 내편》은 원나라의 수시력에 대한 해설서이고, 《칠정산 외편》은 아라비아의 회회력법을 연구하여 펴낸 것이다.

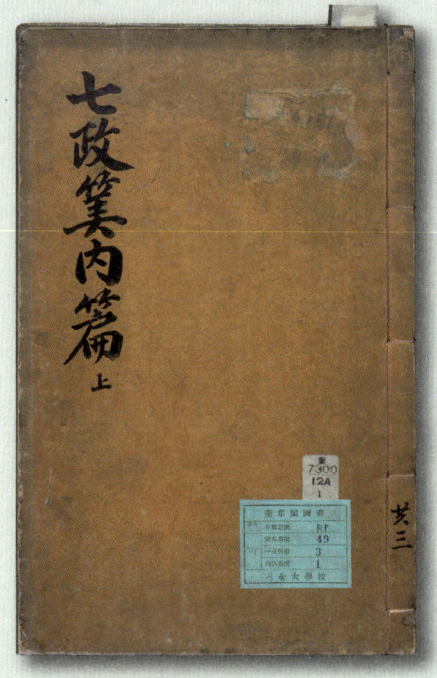

'칠정산'에서 '칠정'이란 해와 달, 화성, 수성, 목성, 금성, 토성을 가리키는 말이야.

앙부일구는 종묘 남쪽 거리와 혜정교(지금의 서울 광화문 우체국 앞) 위에 설치해 많은 백성들이 볼 수 있게 했어. 휴대용 해시계인 천평일구, 현주일구 같은 것도 만들었어. 그런데 해시계는 날씨가 흐리거나 밤이 되면 볼 수가 없잖아. 이런 불편을 해결하기 위해 장영실 등이 물시계인 자격루를 만들었어. 자격루는 스스로 종과 북과 징을 쳐 시간을 알리는 자명종 시계와 비슷한 거야.

자격루는 어떻게 만들어졌기에 스스로 시간을 알려 줬을까? 간단히 살펴보면, 자격루는 위쪽에 큰 항아리 3개, 아래쪽에 원통 항아리

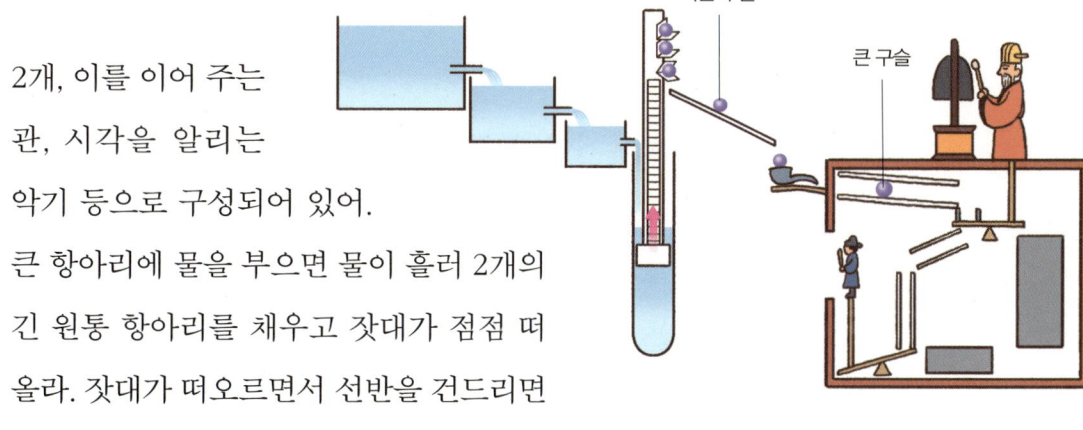

자격루의 구조를 함께 살펴볼까?

큰 항아리, 잣대, 종, 북, 징을 치는 인형

자격루

원통 항아리

작은 구슬, 큰 구슬

자격루 작동 원리

2개, 이를 이어 주는 관, 시각을 알리는 악기 등으로 구성되어 있어. 큰 항아리에 물을 부으면 물이 흘러 2개의 긴 원통 항아리를 채우고 잣대가 점점 떠올라. 잣대가 떠오르면서 선반을 건드리면 선반 위에 있던 작은 구슬이 떨어져 큰 구

자격루
물시계로, 스스로 시간을 알려 주는 장치가 되어 있다. 1434년, 세종의 명으로 장영실, 김조, 이천 등이 만들었다.

슬을 건드렸고, 큰 구슬이 떨어지면서 지렛대를 누르면 목각 인형이 종을 쳤어. 시각에 따라 인형 3개가 각각 종, 북, 징을 쳤고, 큰 구슬이 계속 떨어지면서 또 다른 지렛대를 건드리면, 인형이 튀어나와 시각을 알려 주었지.

1441년(세종 23)에는 비의 양을 재는 측우기가 발명되었어. 측우기를 오늘날의 기상청인 관상감과 전국 관아에 설치해 비의 양을 재었지. 측우기가 만들어지기 전에는 비의 양을 어떻게 쟀을까? 비가 그친 뒤, 땅을 파 빗물이 땅속 어디까지 스며들었는지 재서 비의 양을 어림잡았어. 당연히 비의 양을 정확히 잴 수 없었지. 땅의 성질이나 시간에 따라 빗물이 스며든 정도가 달랐으니까. 측우기는 서양보다 200여 년이나 앞서 만들어졌어. 세계 최초의 기상 관측기구라고 할 수 있지. 사실 측우기의 원리는 아주 간단해. 비가 올 때 구리 그릇을 밖에 놓고 그 속에 고인 빗물을 자로 재는 거야. 이 단순한 아이디어로 비의 양을 잴 수 있게 되었고, 이는 농업 발달에 큰 도움을 주었어.

측우기도 장영실이 만들었을까? 그렇게 알고 있는 사람이 많은데, 이건 분명하지 않아. 《세종실록》을 보면 '근년 이래로 세자가 가뭄을 근심하여 비가 올 때마다 비 온 뒤에 땅을 파서 젖어 들어간 깊이를 재었으나 정확하게 푼수를 알 수 없었으므로 구리로 만든 원통형

측우기
대나무 자로 측우기에 고인 물의 깊이를 재어 비의 양을 알아냈다.

수표
하천, 호수 등의 수위를 재는 측량 기구로, 세종 때 발명되어 설치되었다.

측우기는 비의 양을 재는 기구로, 세계 최초로 개발된 거야!

기구를 궁중에 설치하고, 여기에 고인 빗물의 푼수를 조사했다.'라는 기록이 있거든. 이 내용을 보고 측우기는 문종이 세자 시절에 고안하고, 제작은 장영실이 했을 것으로 보기도 해.

어쨌든 이런 천문 관측기구와 역서가 만들어지면서 시각은 물론 절기와 계절을 정확히 알 수 있게 되었어. 덕분에 좀 더 농사를 잘 지을 수 있게 되고, 곡물도 더 많이 거두어들이게 되었지. 물론 백성들의 생활도 나아졌어.

세종이 인정한 천재 과학 기술자, 장영실

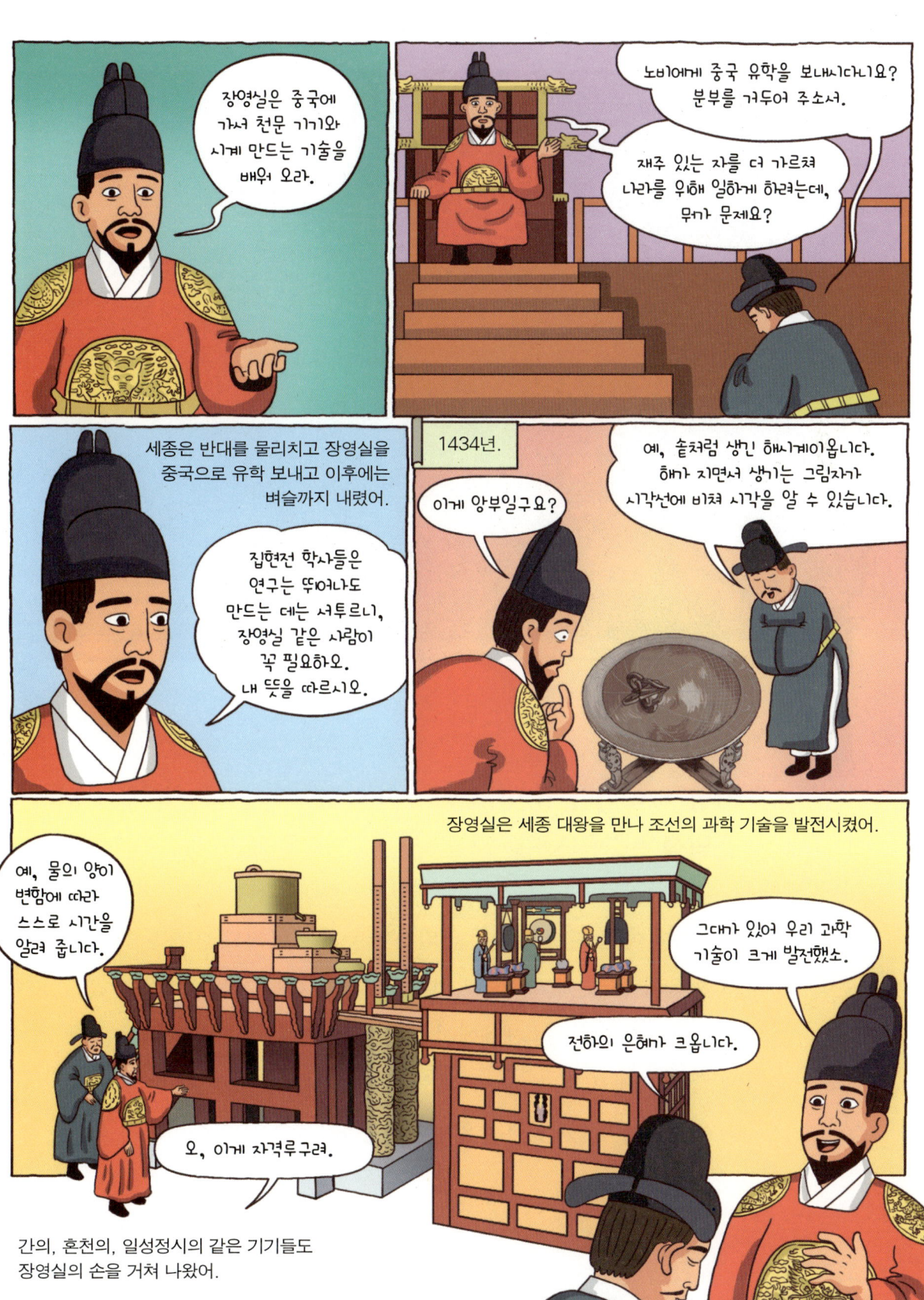

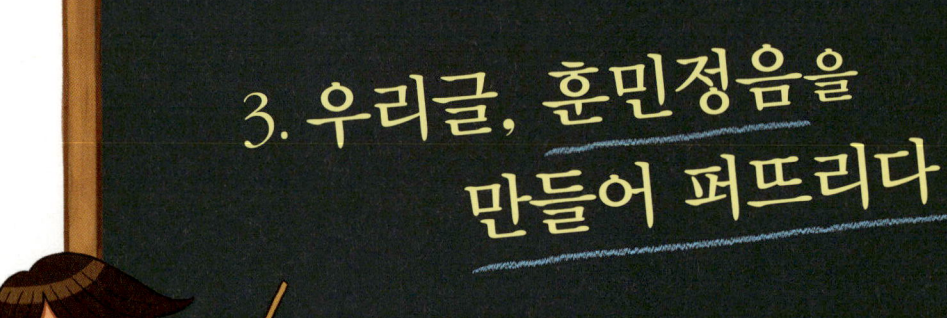

3. 우리글, 훈민정음을 만들어 퍼뜨리다

v 훈민정음은 어떻게 만들었을까?
v 훈민정음으로 만든 책들은?

가장 과학적인 글자 훈민정음을 만들다

우리 민족이 만든 가장 위대한 발명품이 무엇이라고 생각하니? 여러 가지가 있지만 뭐니 뭐니 해도 우리글, 훈민정음이 아닐까? 우리글이 없었다면 우리는 아직도 한자를 빌려 쓰고 있을지 몰라. 세계적으로 보아도 자기 나라 글자를 가지고 있는 나라는 많지 않아. 전 세계에서 쓰고 있는 말은 5000개가 넘지만 말과 글을 함께 가지고 있는 경우는 서양의 알파벳, 중국의 한자, 일본의 히라가나 등 얼마 되지 않아. 많은 나라들이 글자를 가지지 못해

서양의 알파벳으로 자신들 말을 나타내고 있어.

우리나라도 훈민정음을 반포하기 전까지 말은 있었지만, 말을 표현할 글자를 갖고 있지 않았어. 그래서 입으로는 우리말을 하면서도 글은 중국 글자인 한자를 빌려 쓸 수밖에 없었어. 모두들 한자 공부해 본 적 있지? 어떠니? 배우기 쉽니? 어렵지~. 조선 시대 사람들도 마찬가지였어. 한자는 문자 하나하나에 뜻이 있는 표의 문자여서 글자 수가 수만 개나 되는 데다가 말의 순서가 우리말과 달랐거든. 그래서 배우기도 어렵고, 배우는 데 시간도 많이 걸렸어. 경제적으로 여유 있고 시간이 많은 양반들이나 한자를 배웠지, 일에 매달려 살아야 하는 일반 백성들이 한자를 배우는 것은 거의 불가능했어.

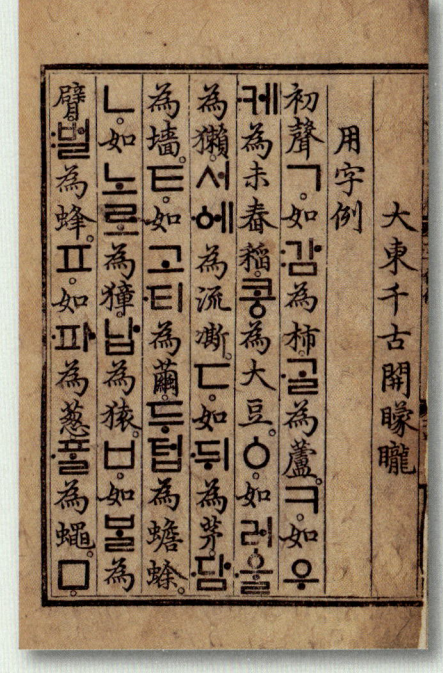

《훈민정음 (해례본)》
1446년에 정인지 등이 세종의 명을 받고 편찬한 훈민정음을 해설한 책.

세종은 일반 백성들도 쉽게 이해할 수 있는 글자를 만들고 싶었어. 백성들이 자기 생각을 글로 표현하고, 나라에서 하는 일들을 제대로 알 수 있도록 말이야. 이런 세종의 마음은 1446년, 훈민정음을 반포하면서 밝힌 글에 잘 나타나 있어.

'나랏말이 중국과 달라 한자와 서로 통하지 않으므로, 이 때문에 어리석은 백성이 말하고자 하는 것이 있어도 자신의 뜻을 제대로 펴지 못하는 사람들이 많다. 내가 이를 딱하게 여겨 새로 스물여덟 글

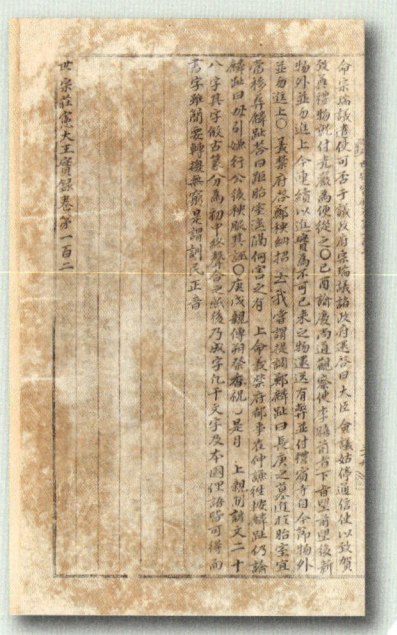

《세종실록》
세종 때의 역사를 기록한 《세종실록》에는 세종이 28자의 훈민정음을 만들었다는 사실이 기록되어 있다.

자를 만드니, 사람마다 쉽게 익혀 날마다 쓰기에 편하게 하고자 할 따름이니라.'

어때, 백성을 지극히 사랑한 세종의 마음이 느껴지지 않니? 백성들을 위해 쉬운 글자를 만들려고 한 그 마음 말이야. 훈민정음은 사람이 말하는 소리를 기호로 나타낸 표음 문자야. 표음 문자는 문자 자체에는 뜻이 없고, 문자의 음들이 모여 뜻을 나타내지. 훈민정음은 자음, 모음만 결합하면 무슨 글자든 만들 수 있어. 글자 수가 많지 않으니 누구나 배우기 쉬운 거고.

훈민정음은 세종 혼자서 만들었을까? 거의 그렇다고 할 수 있어. 세종은 중국, 일본, 몽골, 여진, 인도 같은 나라들의 글자를 연구한, 누구보다도 뛰어난 언어학자였어. 세종은 정치·경제·사회적으로 나라를 안정시킨 뒤 세자(뒷날의 문종)에게 나랏일을 하나씩 넘겼어. 그러면서 자신은 글자 만드는 데 힘을 쏟았어. 세종은 수년에 걸쳐 여러 나라 언어와 음운학을 연구해 우리 글자를 만들어 낸 거야. 이런 사실은 《세종실록》에 실린 글에서도 알 수 있어. '왕이 친히 28자를 만들었으며, 초성, 중성, 종성이 모여 하나의 글자를 이루니, 모든 언어의 소리를 표현함이 무궁하다.'라고 쓰여 있거든.

훈민정음은 무슨 원리를 바탕으로 만들었을까? 세종은《훈민정음(해례본)》이라는 책을 따로 만들어 훈민정음을 만든 원리를 설명했

훈민정음은 처음 만들었을 때는 28자였지만, 지금은 24자만 쓰고 있어.

어. 사람들이 문자를 쉽게 배우고 익히게 하기 위해서 말이야. 훈민정음의 원리는 간단해. 훈민정음은 자음 17개와 모음 11개로 이루어졌어. 기본 자음인 ㄱ, ㄴ, ㅁ, ㅅ, ㅇ은 사람의 발음 기관 모양을 본떠 만들었고, 기본 모음인 ·, ㅡ, ㅣ는 세상의 세 가지 근원인 하늘, 땅, 사람에서 따왔어. 나머지 모음과 자음은 이런 기본 자음과 모음에 소리 하나씩을 덧붙여 만들었고. 이같이 만든 원리가 분명하게

세종 대왕이 한글을 만든 덕분에 오늘날 우리가 편하게 우리글을 쓰고 있는 거야!

밝혀져 있는 문자는 세계적으로 훈민정음밖에 없어.

훈민정음을 만드는 데 도움을 줬던 정인지도 훈민정음 서문에서 우리글이 왜 우수한지 밝혀 놓았어. '한글은 배우기 쉬워서 열흘이면 익힐 수 있고, 어려운 한문 책 내용도 쉽게 알 수 있으며, 한자음도 분명해지고 음악과 노래는 음계가 조화를 이루었으며, 바람 부는 소리나 닭 울음소리도 다 적을 수 있다.'라고 말이야. 훈민정음은 모음과 자음을 결합해 무슨 글자든, 어떤 소리든 표현할 수 있잖아. 그만큼 과학적이고 논리적인 글자라는 거지.

훈민정음은 정확히 언제 만들어졌을까? 1443년 12월이야. 훈민정음은 만들어지자마자 바로 쓰기 시작한 건 아니야. 검토 기간을 거친 뒤인 1446년 9월에 반포했어. 훈민정음이 반포되면서 우리나라는 우리 문자를 가지고 사용할 수 있게 된 거야.

세계적으로 인정한 한글의 우수성

네덜란드의 언어학자 포스 교수는 "한국인들은 세계에서 가장 좋은 알파벳을 발명했다. 한글은 간단하면서도 논리적이며, 과학적인 방법으로 만들어졌다."라며 한글의 과학성을 강조했다. 독일의 한국어학자 베르너 잣세는 "처음 볼 때는 한글이 어렵다고 느꼈지만, 실제로 배워 보니 하루 만에 익힐 수 있었다. 특히 한글 글자 모양이 입 모양이나 발음 기관 모양을 본떠서 만들었다는 사실이 인상적이었다. 한글은 쉽게 익혀서 쓸 수 있는 글자이다."라면서 한글의 과학성을 실용성과 연관시켜 말했다.

훈민정음으로 책을 만들어 퍼뜨리다

배우기도 쉽고 우수한 우리 글자가 만들어졌으니 당시 모든 사람들이 훈민정음을 환영했을까? 그렇지는 않았어. 집현전 학사 가운데서도 최만리 같은 사람은 상소문까지 올리면서 적극적으로 반대하고 나섰어. 대부분의 양반들도 반대했어. 양반들은 글자를 배우고 익히는 것을 양반들의 특권이라고 생각했어. 일반 백성들이 글자를 익혀 양반들의 권위를 떨어뜨릴까 봐 두려웠던 거야.

신하들이 이렇게 반대하는데도 세종은 훈민정음을 퍼뜨리기 위해 애썼어. 학자들과 신하들한테 훈민정음을 시험 삼아 사용해 보게 하고, 여러 가지 책을 펴냈어. 세종은 훈민정음을 반포하기 전에 집현전 학사들한테 중국의 음성학 책인 《고금운회거요》를 한글로 번역시켰어. 중국에서 사용하고 있는 한자음을 한글로 정리하기 위해서였지. 지금은 '天'을 당연히 하늘 '천' 자로 쓰고 있지만, 당시에는 똑

한글 금속 활자
한글로 만든 금속 활자는 조선 시대에 한글을 어떻게 사용했는지 보여 주며, 한글 활자 제작 방법도 알려 주는 귀중한 자료이다.

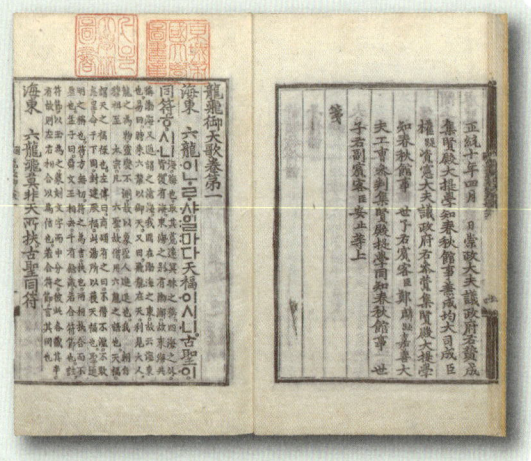

《용비어천가》
세종 때 이씨 왕조의 선조인 목조에서 태종에 이르는 여섯 대의 행적을 노래한 책이다. 훈민정음으로 노래를 싣고, 그에 대해 한문 시를 달아 뜻을 풀이하였다.

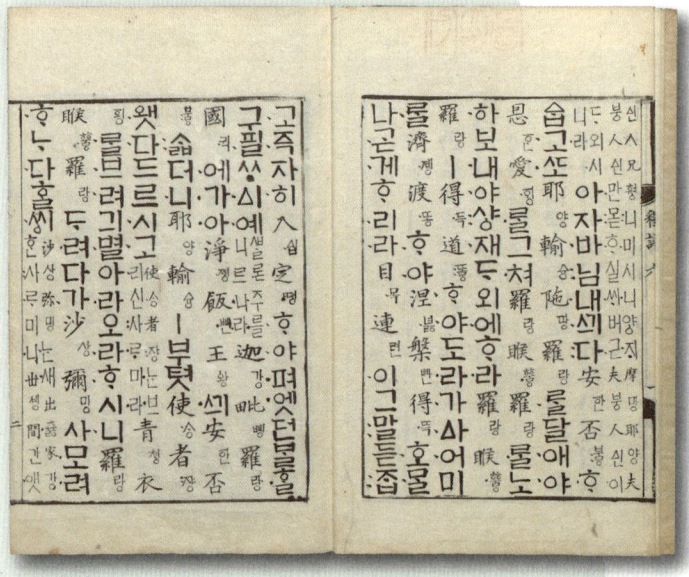

《석보상절》
세종의 명으로 수양 대군이 석가모니의 일대기를 엮은 책이다.

같은 한자를 '천'이나 '텬', '쳰' 등으로 다르게 발음했기 때문에 이를 통일시킬 필요가 있었거든.《동국정운》,《홍무정운역훈》같은 책들도 세종이 한자 발음을 우리 현실에 맞게 통일시키기 위해 만든 거야. 현재 한국과 중국, 일본이 같은 한자를 서로 다르게 발음하는 것은 바로 이런 과정을 거쳐서 된 거야.

세종은 훈민정음으로 이씨 왕조의 선조들을 찬양하는 노래를 짓게 했어. 그것이 바로《용비어천가》야. 백성들한테 이씨 왕조가 새 나라를 세운 것은 하늘의 뜻이었다는 것을 알리기 위해서였지. 또 집현전 학사들한테 한문으로 쓰인《삼강행실도》를 훈민정음으로 해설을 달아 펴내게 했어. 한자를 모르는 백성들한테 유교 도덕을 가르치기 위해서였지. 이를 보면 세종이 훈민정음을 만든 건 백성들이 나라에서 하는 일에 잘 따르도록 가르치기 위해서라는 걸 알 수 있어. 그런 의도는 '훈민정음'에 담긴 뜻을 통해서도 알 수 있지. 훈민정음은 '백성을 가르치는 바른 소리'라는 뜻이야.

한편 세종은 아들 수양 대군에게 훈민정음으로 석가모니의 일생을 다룬 책을 만들게 했어. 왕비 소헌 왕후가 죽은 뒤, 슬픈 마음을 달래기 위해서였지. 그 책이 《석보상절》이야. 조선 세조는 수양 대군 시절, 아버지 세종을 도와 훈민정음을 만들고 퍼뜨리는 데 적극적으로 참여해서 그런지 왕이 된 뒤에도 훈민정음을 퍼뜨리는 데 힘썼어. 특히 불경을 많이 펴냈어. 1461년(세조 7)에는 불경을 번역하고 펴내는 기관인 간경도감까지 설치해 《월인석보》를 비롯해 《능엄경언해》, 《법화경언해》 같은 불경들을 한자뿐 아니라 한글로도 펴냈어.

이처럼 세종을 비롯한 여러 사람들이 훈민정음으로 된 책을 만들면서 우리 문학이 발달하고, 백성들이 글을 읽고 쓸 수 있게 되었어. 하지만 일반 백성부터 양반까지, 남녀노소 누구나 할 것 없이 온 나라 사람들이 훈민정음을 쓰게 되기까지는 오랜 시간이 걸렸어. 앞에서 양반들과 신하들이 훈민정음을 반대했다는 얘기 했지? 양반들은 훈민정음을 암글이니 언문이니 하면서 천하게 여겼어. 암글은 여자

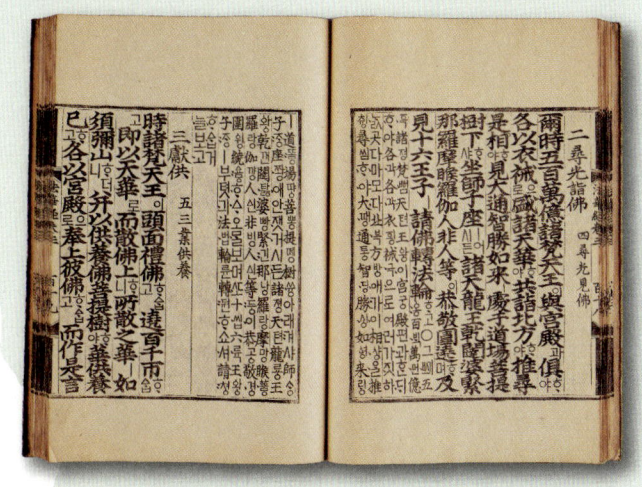

한글로 쓴 《묘법연화경》
인도의 승려 구마라습이 한자로 번역한 불교 경전으로, 조선 세조 때 간경도감에서 한글로 번역하여 펴낸 것이다.

세종이 한글을 만들었지만 널리 쓰이기까지는 오랜 세월이 걸렸지!

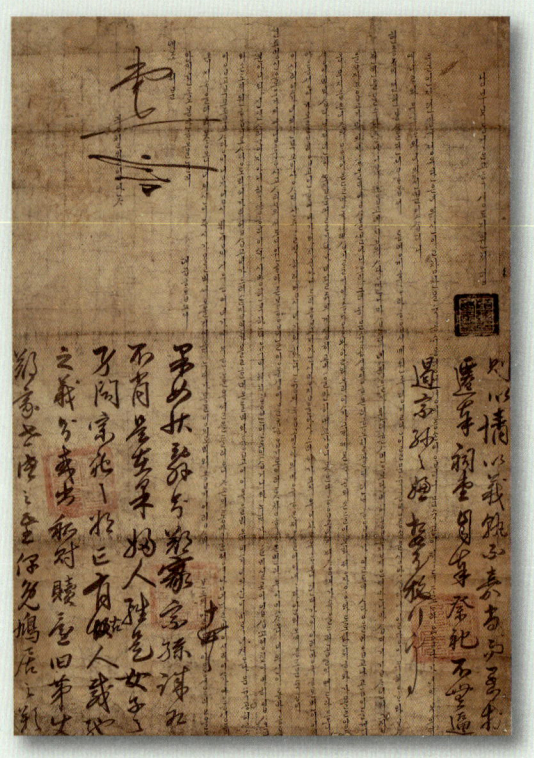

정씨 부인이 올린 한글 상소
숙종 때 쓰여진 한글 문서로, 요청하는 내용을 담은 글이다. 한글은 주로 여자와 일반 백성이 쓰다가 점차 퍼져 나갔다.

들이나 쓰는 글, 언문은 상스러운 말을 쓰는 문자라는 뜻이야. 훈민정음을 하찮게 여기며 표현한 말들이지. 양반들은 중국 글자인 한자를 써야 권위가 선다고 생각해서 훈민정음을 잘 사용하지 않았어. 훈민정음은 주로 여자와 일반 백성들이 사용하면서 퍼져 나갔고, 19세기 말 나라에 위기가 오면서 훈민정음의 가치가 높아졌지. 훈민정음을 '한글'이라 부르게 된 지도 얼마 되지 않아. 1913년 국어학자 주시경을 비롯한 한글학자들이 우리글을 '한글'로 통일하면서 한글이란 말을 쓰게 된 거야. 한글의 '한'은 '하나' 또는 '크다'의 뜻이라고 해. 세종이 우리글을 만든 지 400~500년이 지나서야 그 가치를 충분히 인정받게 된 거지.

우리글 한글이 얼마나 소중하고 가치 있는 글자인지 알겠지? 세종 대왕께 감사하며 한글을 바르게 사용하자꾸나.

훈민정음을 둘러싼 세종과 최만리의 논쟁

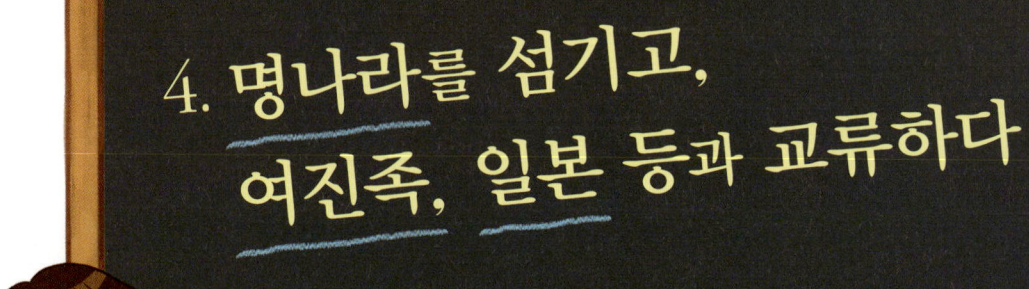

4. 명나라를 섬기고, 여진족, 일본 등과 교류하다

- 조선은 명나라를 어떻게 대했을까?
- 왜구의 침입에 어떻게 대응했을까?
- 4군 6진은 어떻게 세워졌을까?

명나라를 섬기다

1392년, 태조가 조선을 세운 뒤 50여 년이 흐르면서 조선은 많이 발전했어. 태종이 나라의 기본 틀을 다지고 세종은 이를 바탕으로 나라를 크게 발전시켰지. 조선은 다른 나라들과도 적절한 관계를 맺기 위해 애썼어.

조선의 외교 정책을 한마디로 말하면? 사대교린! 사대는 중국, 교린은 여진이나 일본 같은 주변 나라들에 대한 외교 정책이야. 사대는 세력이 강한 큰 나라를 섬기고, 교린은 이웃 나라와 비슷한 입장에서 사귄다는 뜻이야.

　특히 중국에게 사대하겠다는 외교 방향은《경국대전》에도 밝혀 놓았어. 중국과 갈등이 생겨 전쟁이라도 일어난다면 새 나라는 엄청 혼란스러워질 테니까 말이야. 태조는 명나라를 받들며 명나라와의 관계를 안정시키려고 애썼어. 명나라한테 새 왕조를 받아들여 달라거나 나라 이름을 정해 달라고 하면서 인정받으려고 했지. 명나라와 평화적인 관계를 유지하면서 새 나라의 정당성을 확인하고 싶었던 거야. 한때 정도전이 요동을 치려고 하면서 명나라와 갈등이 일어났지만, 정도전이 이방원한테 죽임을 당하면서 이런 갈등은 사라졌어. 태종이 요동 정벌

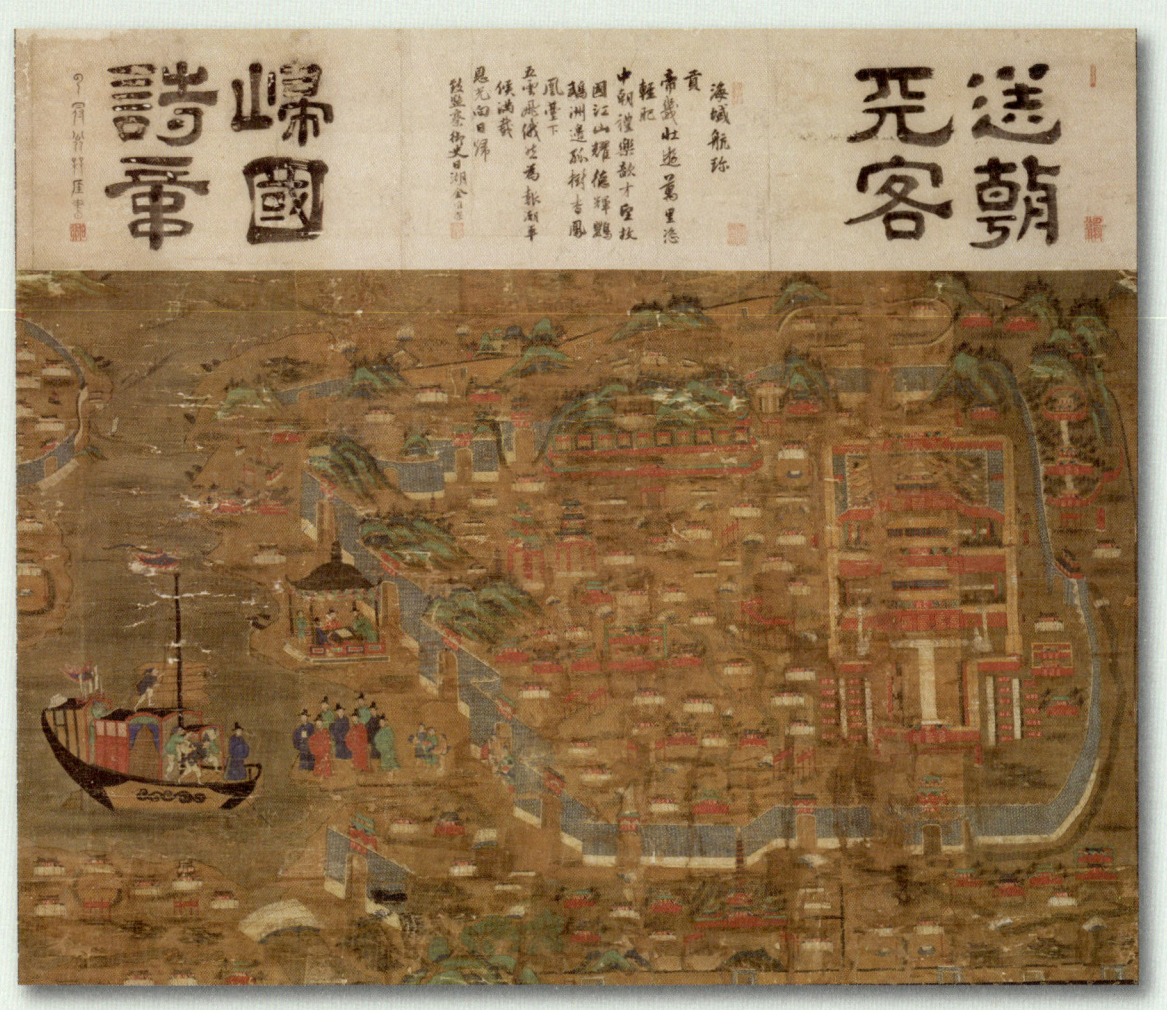

〈북경에서 조선 사신을 송별〉 명나라에 왔다가 조선으로 돌아가는 사신을 전송하는 모습을 묘사한 그림이다.

을 포기하고 명나라와 다시 친하게 지내려고 힘쓴 거야.

태종은 명나라와의 관계를 돈독히 다졌어. 명나라에 조공을 바치고, 명나라 연호를 쓰는 방식으로 말이야. 조선에서는 새 왕이 즉위하면 명나라 황제의 책봉을 받았어. 또 명나라에 주기적으로 사신을 보냈어. 새해가 시작할 때, 황제 생일, 밤의 길이가 가장 긴 동지 등 해마다 여러 가지 이유로 명나라에 사신을 보냈지. 때론 명나라가 지나치게 많은 공물을 요구하기도 했지만, 조선은 받아들였어. 명나라와 마찰을 일으켜 평화를 깨트릴 필요는 없다고 생각한 거야. 조선 사신이 가서 조공을 바치면 명나라는 답례품을 보냈어. 손해만 보는 건 아니었던 거지. 이것을 공무역이라고 해. 고려 때 송나라와 공무역을 했던 것 기억나지?

조공을 바침으로써 이루어지는 교역을 '공무역'이라고 해.

　사신들이 명나라에 갈 때는 상인들이 따라갔어. 상인들은 명나라에 가서 조선 물건을 팔기도 하고 명나라 물건을 사 와 조선 사람들한테 팔기도 했지. 이런 사대 관계는 언제까지 이어졌을까? 태종 때부터 다져지기 시작한 사대 관계는 명나라가 멸망하고 청나라가 나타나기 전까지 이어졌어.

　조선과 명나라 사이에 사신이 자주 오고 가고, 공무역이 이루어지면서 명나라에서 발달한 문물이 들어와 조선의 문화를 발전시켰어. 일본이 쳐들어왔던 임진왜란 때는 명나라의 도움도 받을 수 있었고. 아쉬운 점이 있다면 작은 나라 조선이 큰 나라인 명나라를 섬긴다는 사대 의식이 너무나 강했다는 거야. 이런 명나라에 대한 무조건적인 사대주의 때문에 조선은 나중에 큰 화를 입어. 청나라의 침입을 받게 된 거야.

쓰시마 섬을 친 뒤 일본과 좋은 관계를 유지하다

조선은 일본과는 어떻게 지냈을까? 갈등이 좀 있었어. 왜구 때문이지. 왜구는 신라, 고려에 이어 조선이 세워진 뒤에도 끊임없이 쳐들어와 우리 백성들을 괴롭혔어. 조선은 왜구와 싸워 몰아내기도 하고, 필요한 물건들을 바꾸어 가도록 교역을 허락하기도 했어. 세종이 왕이 된 이듬해인 1419년에도 왜구가 쳐들어왔어. 왜구들이 자주 쳐들어온 건 왜구들이 주로 살던 쓰시마 섬은 땅이 메말라 농사가 잘되지 않았기 때문이야. 교역만으로는 필요한 것을 다 얻을 수 없으니 조선에 쳐들어와 사람들을 해치고 식량을 빼앗아 간 거야. 그래서 태종이 어떻게 했니? 이종무한테 왜구의 본거지인 쓰시마 섬을 정벌하라고 했잖

《해동제국기》
1471년, 신숙주가 일본에 갔다 와서 지었다.
일본의 지형과 정치, 외교 등에 대한 내용들이 실려 있어
일본을 아는 데 많은 도움을 주었다.

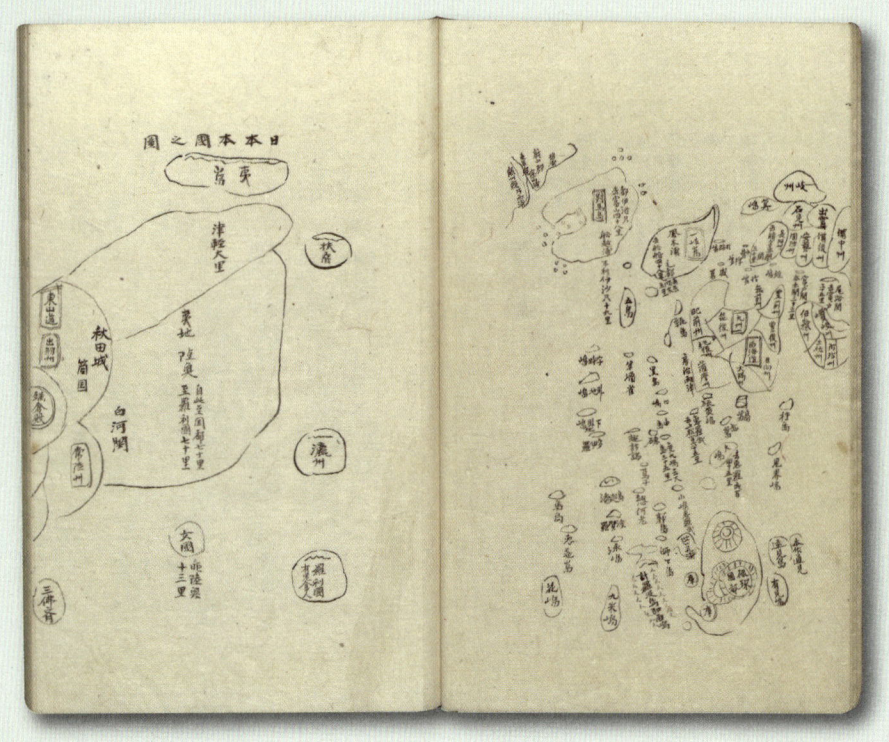

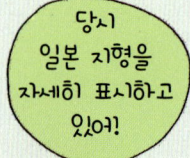
당시 일본 지형을 자세히 표시하고 있어!

아. 왜 세종이 아니라 태종이 지시했냐고? 당시 태종이 세종한테 왕의 자리를 물려주긴 했지만, 군사권은 여전히 태종이 갖고 있었거든. 이종무는 군사들을 이끌고 쓰시마 섬에 가서 배들과 집들을 불태우며 왜구들을 혼내 줬어. 그러자 쓰시마 섬 도주가 편지를 보내왔어. 조선이 군사를 철수하면 다시는 조선을 약탈하지 않겠다고 말이야. 이종무는 이를 받아들이고는 왜구한테 잡혀갔던 우리 백성들을 데리고 돌아왔지.

그 뒤 쓰시마 섬 도주가 평화적으로 무역하자고 간절히 청했어. 조선은 제포(진해), 부산포, 염포(울산) 3곳을 개항해 무역을 하게 했어. 일본 사람들은 구리, 황, 향료 등을 가져와 조선의 식량, 옷, 책 들을 가져갔어. 일본은 주로 생활필수품과 문화용품이 필요했고, 조선은 무기 원료나 양반들이 쓰는 기호품이 필요했기 때문이야. 이때부터 조선과 일본은 한동안 좋은 관계를 유지할 수 있었어.

4군 6진으로 영토를 넓히고 북쪽 국경선을 확정짓다

남쪽 지역에서 왜구가 골칫거리였다면 북쪽 지역에서는 여진족이 문제를 일으켰어. 압록강과 두만강 주변에 살던 여진족이 조선 땅으로 내려와 노략질을 일삼은 거야. 여진족이 살던 땅은 거칠어 농사가 잘 안 됐기 때문에 늘 식량과 생활필수품이 부족했거든. 조선과 무역할 수 있을 때는 그럭저럭 문제를 해결했지만, 흉년이 들거나 전쟁이 일어나 무역을 하지 못하면 조선에 쳐들어와 말이나 소, 식량을 빼앗아 가고, 사람까지 해치곤 했어.

세종은 이런 일을 두고 볼 수 없었어. 여진족을 몰아내 영토를 넓히고 백성들을 보호해야겠다고 생각했지. 그래서 1433년, 평안도 절제사인 최윤덕한테 압록강 주변에 있는 여진족을 몰아내라고 했어. 또 같은 해에 김종서를 함경도 관찰사로 임명해 두만강 지역에 있는 여진족을 몰아내게 했어. 최윤덕과 김종서는 여진족을 물리치고 영토를 넓혀 갔어. 최윤덕은 압록강 주변에 있는 우예, 여연, 자성, 무창에 4군을 세웠어. 김종서는 두만강 주변 온성, 경원, 종성, 회령, 경흥, 부령에 6진을 세워 관리했지. 4군은 1443년, 6진은 1449년에 다 세워졌으니 우리 땅이 되기까지는 10년도 넘는 세월이 걸린 거야.

그런데 여진족을 몰아냈다고 저절로 우리 땅이 되는 건 아니었어. 그냥 두면 언제 또 여진족이 내려올지 모르잖아. 세종은 북쪽 국경

4군과 6진
최윤덕은 압록강 주변의 4군을, 김종서는 두만강 유역의 6진을 개척했다.

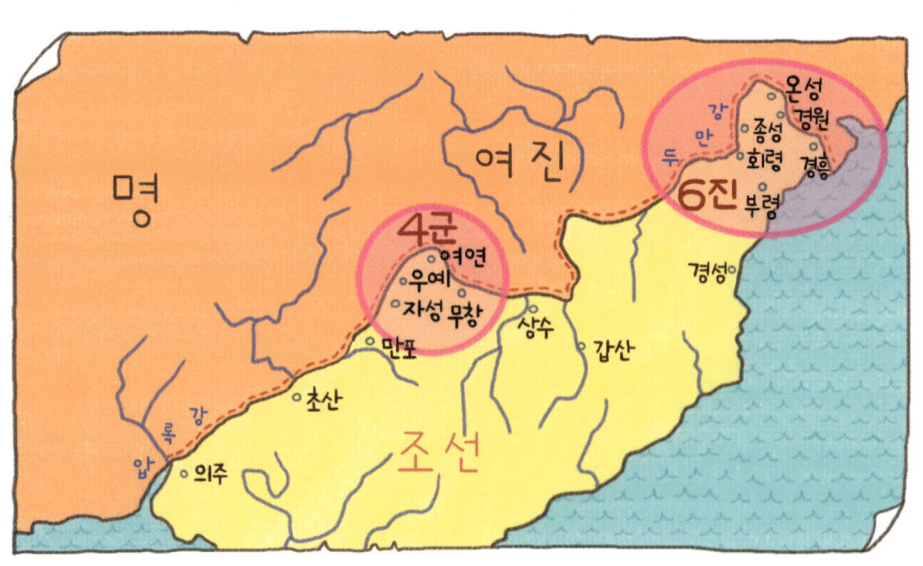

112

지역을 완전히 우리 땅으로 만들기 위해 군사를 보내 지켰을 뿐만 아니라 백성들을 보내 살게 했어. 이때 전라도, 충청도, 경상도에 사는 백성들 가운데 희망자나 고을 수령이 뽑은 사람들을 이사 보내기도 했어. 이것을 사민 정책이라고 해.

그런데 이 북쪽 지역은 땅이 거친 데다 산이 험하고 기후가 나빠서 살기 힘들었어. 그래서 이 지역으로 이사 가는 백성들한테는 특별한 혜택을 주었어. 노비는 양인으로 신분을 올려 주고, 남자들은 군역을 면제해 줬어. 또 땅을 주기도 했어. 그래도 살다가 도망 가는 사람들이 종종 생겼어. 봄에는 비가 잘 안 내려 농사짓기 힘들고 겨울은 춥고 전염병은 잘 도는 등, 너무 살기 힘들었던 거야. 나라에서는 도망간 사람들을 붙잡아 다시 돌려보내기도 했어. 그것도 모자라 죄 지은 사람과 그 가족을 그곳으로 보내 살게 하기도 했지. 그러면서 압록강과 두만강 일대는 사람이 살 수 있는 땅으로 바뀌었고, 완전히 조선 땅이 되었어. 평안도와 함경도의 북쪽 국경선이 이때 확정된 거야.

〈야연사준도〉
김종서가 6진을 개척하고 함경도에 있을 때의 일을 그린 그림이다.

세종 때 4군과 6진의 개척으로 오늘날의 북쪽 국경선이 확정되었지!

6진 지역을 우리 땅으로 만든 사람들

태평성대를 이룬 세종과 인재들

세종은 어떻게 정치, 경제, 사회, 문화 등 거의 모든 면에서 뛰어난 업적을 남길 수 있었을까? 무엇보다도 세종 자신이 훌륭한 사람이었고, 주변에 우수한 인재들이 많았기 때문이다. 세종과 인재들이 어떤 사람들인지 알아보자.

우리나라 최고의 왕, 세종

세종이 다방면으로 뛰어났던 것은 책을 많이 읽었기 때문이다. 많은 책들을 되풀이해 읽으며 그 내용을 완전히 자기 것으로 만들었다. 세종은 인재의 중요성을 알고 인재를 찾아 지원하여 곳곳에서 그 열매를 거두게 하였다. 세종은 의견 충돌이나 갈등이 있을 때는 다른 사람의 말을 귀 기울여 듣고 토론하면서 가장 바람직한 결론을 이끌어 냈다. 한 나라의 왕으로서 학문이든 정치력이든 인성이든 그 어디에서도 허점을 찾기 힘들다.

모범적인 정치 문화를 만든 명재상, 맹사성과 황희

세종이 6조 직계제를 의정부 서사제로 바꾸면서 정치는 재상인 맹사성과 황희 중심으로 이루어졌다. 맹사성이 예술가적 인물로 어질고 세밀했다면, 황희는 학자적인 인물로 정확한 사람이었다. 그래서 세종은 주로 맹사성한테는 예조, 공조 같은 부드러움이 필요한 일을 맡기고, 황희한테는 병조, 이조 같은 과감함과 결단성이 필요한 일들을 맡겼다. 맹사성과 황희는 맡은 일과 성격은 달랐지만, 둘 다 반듯하고 욕심 없이 생활하며 깨끗한 정치 문화를 이루었다.

황희

외적으로부터 나라를 지키고 영토를 넓힌 장군, 이종무, 최윤덕, 김종서

이종무는 왜구의 본거지인 쓰시마 섬을 정벌해 왜구가 더 이상 노략질을 하지 못하게 만들었다. 최윤덕은 압록강 부근에서 여진족을 몰아내고 4군을 세웠다. 김종서는 두만강 부근에서 여진족을 몰아내고 6진을 세웠다. 최윤덕과 김종서의 활약으로 영토가 넓어지고 평안도와 함경도의 국경이 정해졌다.

백성들의 생활 안정에 이바지한 《농사직설》 집필가, 정초

정초는 세종 때 공조 판서, 예문관 대제학 등을 지내며 농업, 과학, 천문학의 발달을 이끌었다. 정초는 각 지역에 알맞은 농사법을 지역별로 정리하여 《농사직설》을 펴냈고 정인지, 이순지 등과 함께 《칠정산 내편》, 《칠정산 외편》도 지었다. 정초는 간의를 만드는 데 필요한 자료를 모으기도 했다. 이를 바탕으로 이천과 함께 혼천의를 만들었으며, 장영실이 해시계, 물시계 같은 과학 기기를 만들 수 있도록 이론적인 지도를 해 주었다.

집현전 브레인, 정인지와 신숙주

정인지는 다방면에 재능이 있어 천문, 역법, 역사, 아악 등 세종이 추진한 거의 모든 일에 참여하였다. 신숙주는 언어학에 뛰어났으며, 외교술도 뛰어나 서장관으로 일본은 물론 명나라를 여러 번 다녀왔다.

신숙주

정인지

3장 사림이 성장하고 유교 질서가 잡히다

단종을 몰아내고 왕이 된 세조는 왕권을 강화하고 나라를 안정시켰다. 세조가 왕이 되는 데 공을 세운 훈구파는 막강한 힘으로 횡포를 부리며 재물을 쌓았다. 15세기 말, 성종은 향촌에서 학문을 연구하던 사림을 관리로 뽑았다. 사림은 3사의 관리로 있으며 훈구파의 횡포를 비판하였다. 성종은 훈구파와 사림파를 고르게 뽑아 힘의 균형을 이루며 나라를 잘 다스렸다. 또한 《경국대전》을 완성하여 유교적인 사회 질서가 자리 잡도록 했다.

연산군 때부터 나라는 혼란스러워졌다. 훈구파는 무오사화, 갑자사화를 일으켜 사림을 몰아냈다. 폭군이었던 연산군은 결국 쫓겨나고 중종이 뒤를 이었다. 중종은 사림 조광조를 뽑아 개혁 정치를 실시하였으나, 조광조의 간섭이 심해지자 훈구파를 이용해 기묘사화를 일으켜 조광조 세력을 몰아냈다. 명종 때는 을사사화가 일어나 많은 사림이 희생되었다. 사림은 네 번의 사화로 큰 피해를 입었지만, 유향소와 향약, 서원을 통해 향촌에서 정치적인 힘을 키웠다. 16세기 말, 조정에서 주도권을 잡게 된 사림은 붕당을 만들어 서로 비판하고 견제하였다.

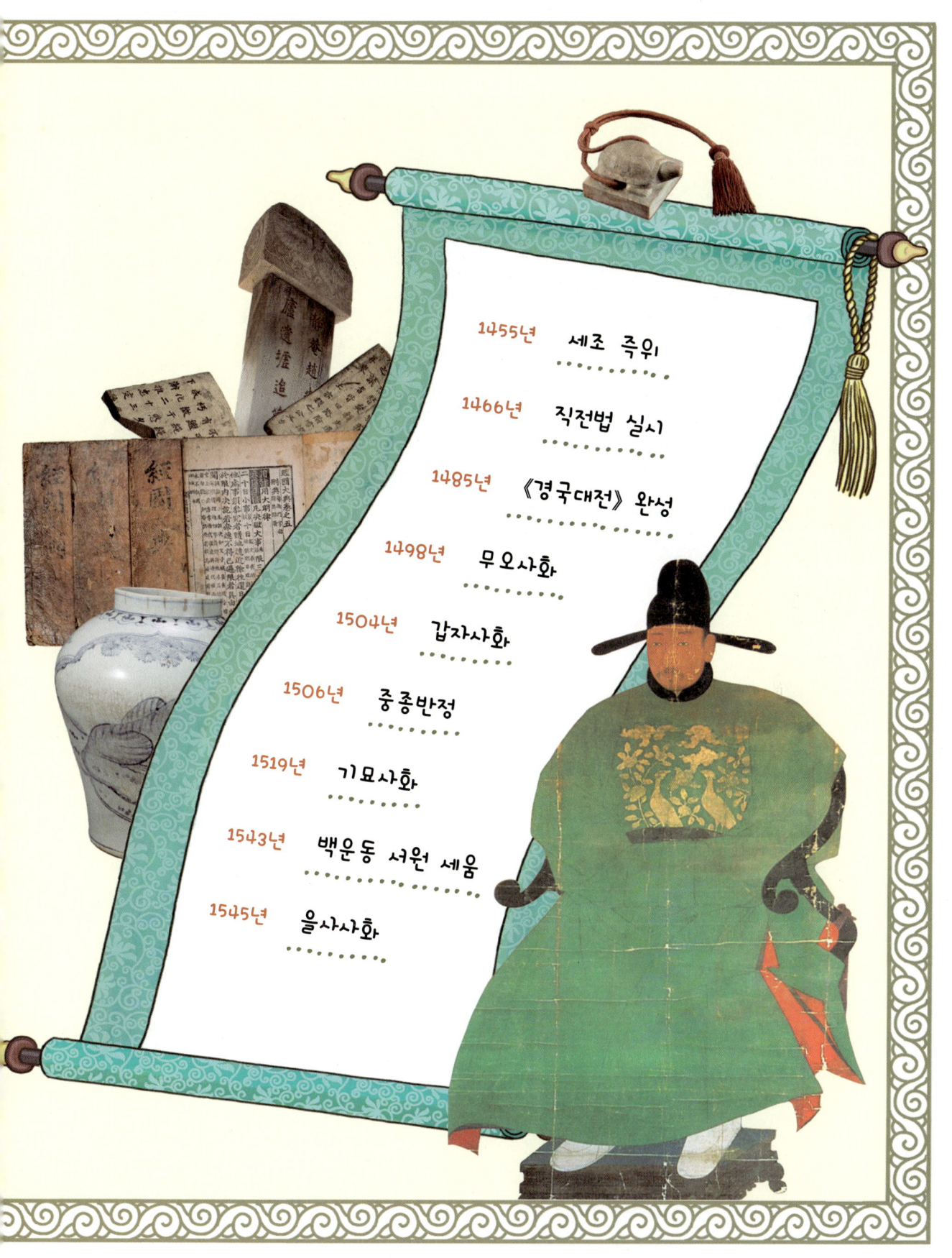

1. 사림, 조정에 나와 훈구파와 맞서다

- 수양 대군은 어떻게 왕이 되었을까?
- 세조가 한 일은?
- 성종은 어떻게 훈구파를 눌렀을까?
- 성종이 한 일은?

수양 대군, 단종을 몰아내고 왕이 되다

1450년 2월, 나라와 백성을 위해 그 능력을 한껏 발휘했던 세종이 세상을 떠나고, 뒤를 이어 문종이 왕이 되었어. 그런데 문종은 몸이 약해 왕이 된 지 2년 만에 죽고 말았어. 그 뒤를 12살 밖에 되지 않은 어린 세자, 단종이 잇게 되었지.

이때부터 왕권을 두고 갈등이 일어났어. 태종이 왕권을 강화하고, 세종은 이를 바탕으로 왕의 힘을 발휘하기도 하고 신하들한테 힘을 실어 주기도 하면서 나라를 다스렸는데, 문종과 단종이 왕이 되면서 왕권과 신권의 균형이 깨진 거야. 어린 단종이 왕이 되면서 신하들의 권한이 세어졌거든. 당시 왕실에는 어린 왕을 대신해 나랏일을 할 어른이 없었어. 그래서 문종은 죽기 전에 김종서와 황보인을 불러 세자를 부탁했어. 수양 대군을 비롯한 문종의 여러 동생들이 왕의 자리를 넘보지 않을까 걱정한 거지. 이렇게 문종이 힘을 실어 주면서 대신들의 힘이 강해졌어. 관리를 임명하는 일을 비롯해 나라의 모든 일들을 의정부에서 처리했지. 김종서가 좌의정, 황보인이 영의정이 되어 나랏일을 처리하고 단종은 형식적으로 결재만 했어.

단종 때 대신들의 힘이 얼마나 셌는지 보여 주는 것이 바로 '황표

정사' 제도야. 관리를 뽑을 때, 의정부 대신들이 미리 뽑으려는 사람 이름에 노란색 점을 찍어 단종이 그 사람을 뽑도록 한 거야. 어린 단종이 사람들을 잘 알지 못하고 또 판단하기도 힘들어서 두게 된 제도인데, 좀 문제가 있었지. 무슨 문제냐고? 김종서와 황보인이 자기들 마음에 드는 사람을 주로 관리로 뽑으려고 했거든. 자연히 김종서, 황보인의 세력이 커지고 왕의 힘은 약해졌지.

세종의 둘째 아들 수양 대군은 이런 상황이 아주 못마땅했어. 자신이 왕이 되어 왕권을 강화하고 왕실을 든든히 하고 싶었지. 게다가 김종서와 황보인을 비판하며 수양 대군을 부추기는 세력도 나타났어. 한명회, 권람, 신숙주, 양정, 홍달손, 홍윤성 같은 사람들이야. 이들은 김종서, 황보인 등의 대신 세력을 몰아내기로 했어.

마침내 1453년 10월 10일, 수양 대군파는 먼저 김종서 집으로 가서 김종서와 그 아들을 죽였어. 그러고는 궁궐로 들어가 단종에게 김종서가 역모를 일으켰다고 보고하며 이 일과 관련된 다른 신하들도 처벌하겠다고 했지. 어린 단종은 숙부인 수양 대군한테 말 한마디 제대로 못하고 이를 받아들일 수밖에 없었어. 수양 대군은 왕의 명령이라며 황보인을 비롯한 대신들을 불러들여 한명회가 만든 살생부에 따라 죽였어. 이 일을 벌이면서 수양 대군파가 내건 명분이 뭔지 아니? 김종서, 황보인 등이 안평 대군을 왕으로 떠받들려고 했기 때문에 이들을 없앴다는 거였어. 당시 세종의 셋째 아들인 안평 대군은 수양 대군의 가장 큰 경쟁자였는데, 김종서 세력과 손을 잡고 있었거든. 결국 안평 대군은 이 일로 귀양 간 뒤 죽임을 당해.

살생부는 죽일 사람과 살릴 사람을 나누어 적은 문서를 말해.

수양 대군이 대신들과 안평 대군을 죽이고 권력을 잡은 이 사건을 계유정난이라고 해. 수양 대군은 나라의 중요한 직책을 차지하고 정권과 군사권까지 차지했어. 그리고 자신을 도운 한명회, 권람, 신숙주 같은 사람들을 공신으로 대접했지.

그런데 일은 이것으로 끝나지 않았어. 수양 대군은 결국 1455년에 단종을 상왕으로 밀어내고 스스로 왕이 되었어. 왕이 된 수양 대군이 바로 세조야. 그러자 세조가 왕이 된 것에 불만을 가진 성삼문, 이개, 하위지, 박팽년, 유성원 등 집현전 출신 문신들이 무신인 유응부, 성승 등과 의논해 단종을 다시 왕으로 세울 기회를 노렸어. 이들은 1456년 6월, 창덕궁에서 명나라 사신을 접대하는 날에 세조와 세자, 세조의 측근들을 없애기로 했지.

계유정난은 계유년에 일어나서 붙여진 이름이야.

청령포
단종이 세조에게 왕위를 빼앗기고 유배를 간 곳이다. 강원도 영월에 있다.

그런데 문제가 생겼지 뭐야. 한명회가 이들의 계획을 눈치 챘는지 왕을 호위하는 별운검을 연회에 참석하지 못하게 한 거야. 별운검 무신들이 세조를 없애기로 했었거든. 할 수 없이 날짜가 미뤄지면서 이들의 계획은 실패하고 말아. 이 일에 같이 참여했던 김질이 불안한 나머지 배반하고 말았기 때문이야. 김질이 장인인 정창손한테 일러바치고, 정창손이 곧바로 세조한테 보고하면서 일을 일으키기도 전에 드러나고 말았지. 세조는 단종 복위를 노리던 이들을 죽이고, 단종을 강원도로 귀양 보냈어. 성삼문을 비롯한 6명은 아무리 모질게 고문하고 온갖 말로 달래도 굽히지 않고 단종한테 충성을 다하다 죽었지. 이들을 사육신이라고 해.

권력에 대한 욕심이 부른 결과가 끔찍하지!

그런데 계유정난을 받아들였던 사육신이 왜 단종 복위 운동을 일으켰을까? 사육신이 계유정난을 받아들인 건 이들도 김종서, 황보인 같은 대신 세력이 지나치게 커지는 것에 불만이 있었기 때문이야. 권

사육신묘에 무덤이 7개인 까닭은?

사육신묘에는 성삼문, 이개, 하위지, 박팽년, 유성원, 유응부 말고 김문기라는 사람의 묘가 하나 더 있다. 이는 1970년대에 김문기 후손들이 김문기도 사육신과 같은 대접을 받아야 한다는 하소연을 했고, 이것이 받아들여져 이루어졌다. 이를 위해 김문기 후손들은 김문기가 단종 복위 운동을 벌였다는 자료를 적극적으로 찾아 제시했다. 이를 통해 우리가 보통 알고 있는 역사적 사실이 새로운 자료에 따라 바뀔 수도 있다는 것을 알 수 있다.

사육신묘
조선의 6대 임금인 단종의 복위를 도모하다 목숨을 바친 박팽년, 성삼문, 이개, 하위지, 유성원, 유응부, 김문기 등을 모신 곳이다. 서울 동작구에 있다.

력이 한두 사람한테 몰리면 아무래도 문제가 생길 테니까. 하지만 수양 대군이 왕위를 빼앗은 것까지는 받아들일 수 없었던 거야.

단종 복위 운동은 여기서 그치지 않고 또 일어났어. 1457년 수양 대군의 동생 금성 대군이 일으켰는데 이 또한 실패로 끝나고 말아. 이 일로 금성 대군도, 단종도 죽임을 당하지. 세조는 왕의 자리를 지키기 위해 형제도 조카도 죽이고 만 거야.

역사책을 읽다 보면 종종 끔찍할 때가 있어. 왕이, 권력이 무엇이기에 형제도 어린 조카도 죽이고 마는지~. 수양 대군이 조카의 왕위를 빼앗은 것에 대해서는 어떻게 평가해야 할까? 대신들이 어린 왕을 모시면서 자기 사람들을 관리로 쓰는 부작용이 생기기는 했지만,

장릉
조선 6대 왕 단종의 능. 단종은 수양 대군에 의해 쫓겨나 강원도 영월 청령포에 유배되었다가 결국 세상을 떠났다.

왕권을 위협하지는 않았는데 말이야. 권력에 대한 수양 대군의 지나친 욕심이 수많은 사람들을 죽음으로 몰고 간 건 아닐까? 여러분들 생각은 어때?

살면서 단종을 기린 생육신

세조가 왕위를 빼앗자 평생 벼슬을 하지 않고 시골에서 단종을 기리며 산 여섯 사람을 생육신이라고 한다. 김시습, 원호, 이맹전, 조려, 성담수, 남효온이 그들이다. 이들 가운데 김시습은 우리나라 최초의 소설인 〈금오신화〉를 썼다.

왕권을 강화하고 나라를 안정시키다

왕이 된 세조가 가장 먼저 한 일은 무엇이었을까? 무엇보다도 왕권을 강화하는 거였어. 한명회, 신숙주 같은 몇몇 공신들만 가까이 두고 말이야. 왕의 힘이 약하면 언제 또 반란이 일어날지 모르잖아. 그래서 세종 때 다시 실시했던 의정부 서사제를 폐지하고 6조 직계제를 실시했어. 태종이 그랬던 것처럼 나라의 모든 일을 왕이 직접 관리한 거야. 호패법도 다시 실시했어. 백성들을 조직적으로 관리하고 세금을 제대로 거두기 위해서였지.

반면에 집현전과 경연을 없앴어. 왜 그랬을까? 성삼문, 박팽년 같은 집현전 학사들이 단종을 다시 왕으로 세우려고 했으니 집현전이 보기 싫었을 거야. 경연에서는 왕위를 빼앗은 사람으로서 신하들과 유교의 도리를 앞세우며 나랏일을 의논하기 껄끄러웠을 거고. 유학에서 중요하게 여기는 덕목 가운데 하나가 임금과 국가에 충성하는 '충'인데, 분명한 까닭도 없이 왕의 자리를 빼앗았으니 말이야.

세조는 나라의 수입을 늘리기 위해서 직전법을 실시하기도 했어. 직전법은 토지에서 거두어들인 생산물 가운데 일부를 받아 쓸 수 있는 권리를 현직 관리한테만 준 제도야. 이전에 실시했던 과전법은 관리가 관직에서 물러나더라도 그 권리를 계속 가질 수 있었어. 그런데 직전법에서는 관직에서 물러나면 그 권리를 나라에 돌려줘야 했지. 때문에 직전법을 실시하면서 나라 살림은 더 불어날 수 있었어.

세조는 또한 무기를 고치고 군사력을 키웠어. 반란이 일어나거나 외적이 쳐들어올지 모르니까 미리 준비해 놓은 거야. 그러면서도 명

세조는 왕권을 강화하기 위해 여러 가지 노력을 했어!

나라나 일본 같은 나라들과는 갈등이 일어나지 않도록 부드러운 정책을 폈어. 수령들이 백성들을 괴롭히지 못하도록 단속하기도 했고. 나라와 백성들 생활을 안정시키기 위해 힘쓴 거야.

한편으로는 왕권을 더욱 다져 나갔어. 1467년에 함길도(함경도)에서 일어난 이시애의 난을 계기로 말이야. 이시애는 함길도 회령 출신으로 회령 부사 같은 지방관을 지냈는데, 세조의 정책에 불만을 갖고 난을 일으켰어. 세조가 중앙 집권 체제를 강화하기 위해 함길도와 평안도 같은 북쪽 출신의 수령을 줄이고 한양에서 직접 관리를 파견했거든. 세조는 남이 장군과 동생 임영 대군의 아들인 귀성군을 보내 이시애의 난을

이 소나무는 천연기념물 103호로 지정해 보호하고 있어.

세조한테 벼슬 받은 정2품 소나무
세조가 속리산 법주사에 가던 길에 왕이 탄 가마인 연이 소나무 가지에 걸릴 것 같아 '연 걸린다'라고 하자 소나무 가지가 스스로 올라갔고, 돌아가는 길에는 갑자기 비가 와서 세조 일행이 이 소나무 아래에서 비를 피하였다고 한다. 세조가 이 소나무를 기특히 여겨 정2품의 벼슬을 내렸다고 전해진다. 충청북도 보은에 있다.

해결했어. 그러면서 왕권은 더욱 강해졌지.

세조는 세종에 이어 여러 가지 책들도 많이 펴냈어. 조선 최고의 법전인 《경국대전》, 삼국부터 고려까지의 역사를 다룬 《동국통감》을 만들기 시작했고, 지리책인 《동국지도》, 불경인 《법화경》, 《금강경》 같은 책들을 펴냈어.

세조가 한 일들을 보면 무슨 생각이 드니? 세조가 불법적으로 왕이 되긴 했지만, 왕이 된 뒤에는 나라를 위해 여러 가지 일을 했다는 생각이 들지는 않니? 사실 세조의 이런 노력은 성종 때 정치·문화적으로 전성기를 누릴 수 있는 밑바탕이 되었어. 그렇다고 하더라도 왕이 되기 위해, 또 그 자리를 지키기 위해 어린 조카를 비롯해 수많은 사람들을 죽인 잘못을 용서받기는 힘들 거야.

그리고 세조 때는 또 하나의 문제가 있었어. 세조가 자기한테 비판적인 사람은 없애고, 복종하는 사람들은 잘못을 저질러도 모른 척했다는 거야. 예를 들어 공신인 홍윤성 같은 사람은 그 횡포가 말도 못 했대. 자기 집 노비들을 학대하고 함부로 죽였을 뿐만 아니라 자기 집 앞 한강변에서 말을 목욕시키는 사람, 자기 집 근처에서 말에서 내리지 않고 그냥 타고 가는 사람까지 함부로 죽인 거야. 세조는 홍

〈신숙주 초상〉
신숙주는 세종 때 집현전 학사로 많은 공을 세웠다. 그 뒤 계유정난을 지지하며 세조의 측근으로 권세를 누렸다.

> 세조가 왕이 되는 걸 도와준 세력이 훈구파야.

윤성의 이런 행태를 듣고 화를 내기는 했지만 벌을 주지는 않았어. 공신이란 이유로 말이야. 권람, 한명회, 신숙주처럼 세조의 손과 발이 되어 준 사람들한테는 권력과 재물을 몰아줬지. 그래서 이들은 훈구파라는 큰 세력으로 자리 잡게 되었어.

성종, 사림을 등용해 훈구파를 견제하다

세조는 1468년, 왕이 된 지 14년 만에 세상을 떠났어. 그 뒤를 예종이 이었지만, 몸이 약해 왕이 된 지 1년 만에 죽었어. 그 뒤를 이은 왕이 성종이야. 성종은 어린 나이인 13살에 왕이 되었기 때문에 세조의 비였던 정희 왕후가 신숙주, 한명회 등과 함께 나라를 다스렸어. 정희 왕후가 성종한테 정권을 넘겨준 것은 성종이 20살 되던 1476년이었어. 정희 왕후는 조선 역사상 처음으로 수렴청정을 했던 여자야. 예종 때 1년, 성종 때 7년을 말이야. 수렴청정이 뭔지는 알지? 수렴청정의 말뜻은 발을 내리고 정치적인 일을 듣는다는 거야. 조선 시대를 배경으로 한 사극을 보면, 어린 세자가 왕이 되었을 때 왕대비나 대왕대비가 왕 옆에 쳐 놓은 발 뒤에서 왕을 도와 신하들과 나랏일을 의논하는 장면이 나오잖아. 그런 걸 수렴청정이라고 해.

정희 왕후 옥보
세조의 비였던 정희 왕후의 어보(도장)이다. 옥으로 만들어졌으며, 정희 왕후의 공덕을 기리기 위해 만들어졌다고 한다.

성종은 20살이 되면서 직접 나라를 다스리기 시작했어. 성종은 왕권을 행사하면서 훈구파를 누르기 시작했어. 훈구파는 '나라에 공을 세운 옛 세력'이라는 뜻으로, 세조가 단종을 몰아내고 왕이 되는 것을 도와주고 세조와 함께 나라를 이끌어 갔던 사람들을 말해. 세조가 특별 대접한 공신들, 즉 신숙주, 한명회, 홍윤성 같은 사람들이지. 이 사람들은 세조한테 엄청난 토지와 녹봉, 노비를 받았어. 자손들까지 공신 대접을 받고, 공신전으로 받은 땅까지 자손들이 물려받았

공신전
조선 시대에 나라에 공로가 있는 사람에게 내리던 땅.

어린 왕을 대신해서 왕대비나 대왕대비가 나랏일을 하는 것이 바로 수렴청정이야!

한명회 묘지명 조각
충청남도 공주의 가마터에서 발견된 한명회의 묘지명이다. 한명회가 죽자 사위인 성종이 슬퍼했다는 내용이 담겨 있다.

어. 그래서 자손 대대로 권력과 재산을 가지고 떵떵거리며 살 수 있었지.

훈구파의 권력이 어느 정도였냐면? 한명회는 조선에서 가장 높은 관직인 영의정으로 있으면서 동시에 군사 업무를 맡은 책임자인 병조 판서까지 맡았어. 군사와 행정을 장악하고 6조에서 하는 일들까지 좌지우지하며 왕권이 강해지지 못하게 했지. 한명회의 집은 늘 뇌물을 들고 찾아온 사람들로 우글거렸대. 뇌물을 바쳐 관직 하나라도 얻을까 하는 사람들이었지. 정인지, 홍윤성 같은 훈구 세력은 힘을 이용해 남의 재산을 빼앗고, 약한 사람들한테 횡포를 부리기도 했어. 정인지라는 이름은 많이 들어 봤지? 그래, 세종 때 집현전 학사로 이름을 날린 사람이야. 정인지도 같은 집현전 학사였던 신숙주처럼 세조가 정권을 잡는 것을 돕고 권세를 누렸어.

이런 훈구파는 성종한테 큰 걸림돌이었어. 성종은 합리적이고 부드러운 유교 정치를 펴려고 했는데 훈구파가 방해가 되었던 거야. 그래서 성종은 김종직, 김굉필, 정여창, 김일손, 유호인 같은 새로운 사람들을 끌어들였어. 이들은 조선 건국에 협력하지 않고 고향으로 내려가 성리학 연구에 힘썼던 고려 말의 충신, 정몽주와 길재의 학풍을 이어받았어. 이들이 성종 때 정치에 참여하면서 또 하나의 세력

선릉
조선 9대 왕 성종과 계비 정현 왕후의 능이다. 서울 강남구에 있다.

을 이루게 되었지. 이들이 바로 사림파야.

성종은 김종직과 그 제자들을 홍문관, 사헌부, 사간원 같은 언론 기관 관리로 뽑았어. 그리고 높은 관리들이 저지른 비리를 조사하고 고발할 수 있는 권한을 주었지. 사림파를 이용해 훈구파를 누른 거야. 성종은 그러면서도 훈구파와 사림파를 골고루 등용하고, 이들의 이야기를 모두 들었어. 어느 쪽에도 치우치지 않으며 나라를 다스렸지. 새롭게 사림 세력을 키우고 막강한 힘을 지니고 있던 훈구파를 적절히 누르면서 균형 있는 정치를 펴 나갔던 거야. 그만큼 성종의 정치력이 뛰어났던 거지.

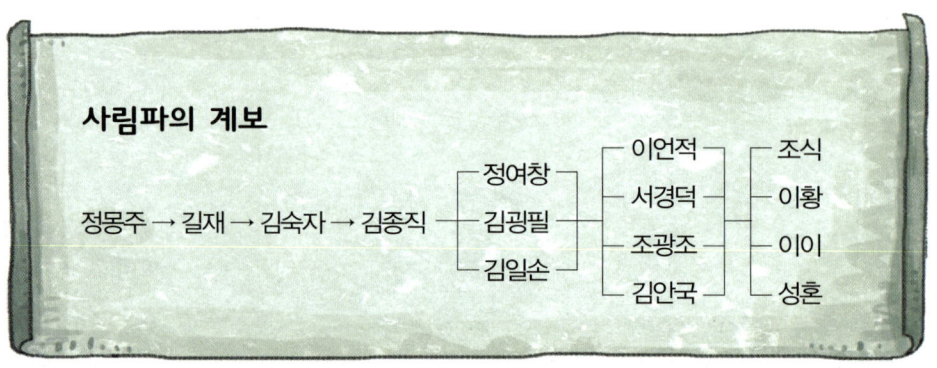

새 왕조의 통치 체제를 마무리하고 평화로운 나라를 만들다

성종은 무슨 일들을 했을까? 성종이 지방에서 성리학을 연구한 사림들을 관리로 뽑은 걸 보면 알 수 있듯이, 더욱 적극적으로 유교 정치를 폈어.

우선 불교를 누르고 절과 승려의 숫자를 줄여 나갔어. 대신 성품이 바르고 학문이 뛰어난 선비들에게 과거를 보게 해 관리로 삼았지. 또한 젊고 우수한 유학자들한테 휴가를 주어 책 읽기에 힘쓰게 했어.

또 성종은 성균관에 존경각을 지어 많은 책을 소장하게 했어. 성균관 유생들이 열심히 학문을 연구할 수 있도록 북돋아 준 거야. 지방 향교에는 학전이라는 토지와 책을 주고, 유생들의 군역을 면제해 줬어. 유생들이 생활비나 학비, 군역에 대한 걱정 없이 공부할 수 있도록 말이야. 세조 때 없앤 경연도 다시 열었어. 경연에서 유교 경전에 대한 강연을 듣고 신하들과 함께 강연 내용과 나랏일에 대해 토론하고 정책들을 세웠어. 도서관 같던 홍문관을 집현전 같은 순수한

성종은 학문을 연구하고 많은 책을 펴내게 하여 조선의 학문과 문화를 발달시켰어.

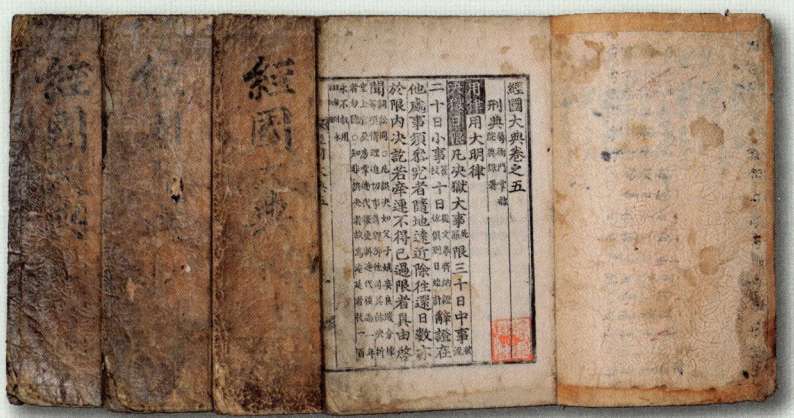

《경국대전》
조선 최고의 법전으로 세조 때 시작해 성종 때 완성되었다. 정치, 사회, 경제 전반에 대해 조선을 다스리는 기준이 되었다.

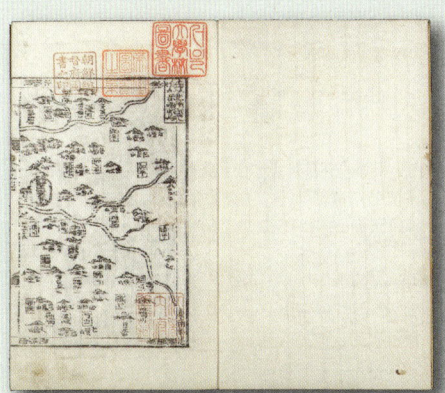

《동국여지승람》
각 도의 지리와 풍속, 인물 등에 관해 자세히 쓴 지리서이다.

《동국통감》
단군 조선부터 고려 말까지의 역사를 엮은 책이다. 단군 조선에서 삼한까지는 자료가 부족해 책머리에서 따로 다루었다.

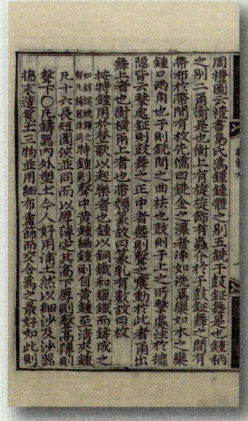
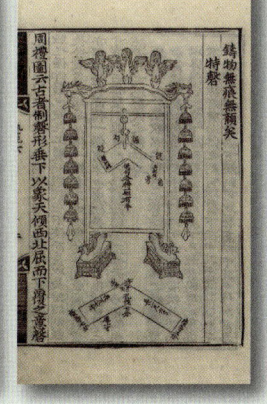

《악학궤범》
1493년, 성종의 명으로 만들어진 음악책이다. 가사가 한글로 되어 있으며, 궁중 음악은 물론 당악, 향악에 관한 이론 및 제도 등을 그림을 넣어 설명하였다.

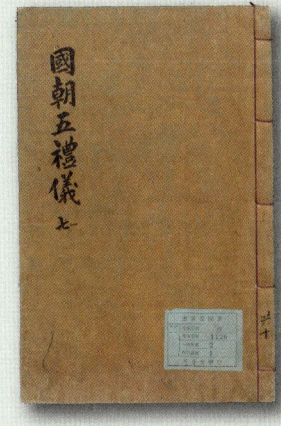

《국조오례의》
나라에서 행하는 길례, 가례, 빈례, 군례, 흉례를 유교 예법에 맞게 정리한 책이다.

학문 연구 기관으로 바꿔 놓기도 했어. 홍문관에서는 학문을 연구하고 왕한테 필요한 자문도 했지. 성종은 홍문관 관리는 물론 정승을 비롯한 주요 관리들을 경연에 나오게 했어. 그야말로 왕과 신하들이 함께 공부하고 연구하며 나라를 이끌어 갔지.

성종은 새로 뽑은 유학자들과 함께 여러 가지 업적을 이루었어. 그 가운데 가장 뜻깊은 것은 세조 때부터 만들기 시작한 법전인《경국대전》을 고친 뒤 반포하고 시행한 거야. 유교를 바탕으로 나라를 다스린다는 조선의 통치 방향과 이념이 완전히 마련된 거였지.《경국대전》을 보면 조선이 어떻게 다스려졌는지 알 수 있어.

성종이 학문에 관심이 깊었던 만큼 책들도 많이 나왔어. 1474년(성종 5)에 강희맹 등이 유교적인 의식을 정리한《국조오례의》를 완성했고, 1478년(성종 9)에는 서거정, 노사신, 강희맹 등이 시문을 모은 책인《동문선》을 펴냈어. 1481년(성종 12)에는 인문 지리책인《동국여지승람》을, 1484년(성종 15)에는 서거정 등이 역사책인《동국통감》을 펴냈어. 성종은 음악책인《악학궤범》도 펴냈지. 이 밖에도 농사법을 담은 강희맹의《금양잡록》, 일화를 모은 책인 서거정의《필원잡기》같은 책들이 간행되었어.

이처럼 성종은 정치를 안정시켜 사회 질서를 바로잡고, 학문과 문화를 발달시켰어. 백성들의 생활도 편안했지. 그래서 성종 시대를 세종 시대와 더불어 태평성대였다고 말해.

학문과 선비를 사랑한 성종

2. 사림들, 고난을 당하며 힘을 키우다

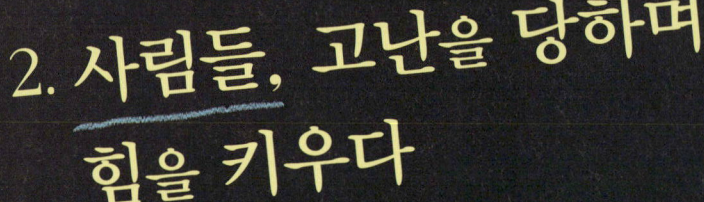

- 연산군은 왜 폭군으로 알려졌을까?
- 중종반정은 어떻게 일어났을까?
- 조광조가 펼친 정치 개혁은?
- 명종 때 나라가 혼란스러웠던 까닭은?
- 선조와 사림들의 관계는 어땠을까?

연산군의 폭정으로 나라가 흔들리다

1494년, 평화로웠던 성종 시대도 막을 내리고, 맏아들 연산군이 왕이 되었어. 연산군에 대해서 들어 본 적 있지? 연산군 하면 떠오르는 게 뭐니? 수많은 사람을 죽이고 향락 생활에 빠져 산 폭군? 대부분 그렇게 알고 있을 거야. 그런데 연산군이 처음부터 그런 폭군은 아니었어. 왕이 된 뒤 한 4년 정도는 보통 왕들과 다름없이 나랏일을 했어. 전국에 암행어사를 보내 관리들이 일을 잘하는지, 백성들 생활은 어떤지 살폈어. 과거를 실시해 인재들을 뽑기도 하고, 사가독서를 실시해 신하들이 책을 읽으며 실력과 능력을 키우게 했어. 자주 쳐들어오던 여진족을 달래 나라의 평화를 지키기도 하고 말이야.

그러던 연산군이 점점 변하기 시작했어. 사림파 관리들과 자꾸 부딪치게 된 거야. 사림들은 학문이 깊고 사람이 지켜야 할 도리와 의리를 중요하게 생각했잖아. 그래서 연산군에게 학문에 뜻을 두고 열심히 공부하라고도 하고, 잘못한 일을 지적해 고치라고 하면서 간섭했어. 연산군이 잔소리꾼 같은 사림파 관리들을 못마땅하게 여기면서 갈등이 시작되었지.

그러던 1498년 무오년, 《성종실록》을 만드는 과정에서 사건이 터졌어. 실록 작업을 책임진 이극돈이 김일손이 낸 사초를 검토하면서 문제가 생긴 거야. 사초는 역사책을 내는 관리인 사관들이 매일 쓴 역사 기록이야. 실록을 만드는 기본적인 자료로 활용되었지. 김일손이 낸 사초에는 김종직이 쓴 '조의제문'이 실려 있었어. 조의제문은 중국 진나라 항우가 초나라 의제를 쫓아내고 왕이 된 일을 비판하며 쓴 글이야. 의제의 죽음을 슬퍼하는 형식으로 말이야. 즉 조의제문은 세조가 단종을 몰아내고 왕이 된 것을 은근히 비판하는 글이었어. 이는 곧 세조의 뒤를 이어 성종, 연산군이 왕이 된 것을 비판한 것으로 볼 수 있었지.

《성종실록》
조선 9대 왕 성종 재위 기간의 역사를 기록한 실록. 《성종실록》을 만드는 과정에서 무오사화가 일어났다.

사초
사관이 날마다 왕과 관리들이 한 일에 대해 자세히 쓴 글이다. 이것을 바탕으로 《조선왕조실록》을 만들었다.

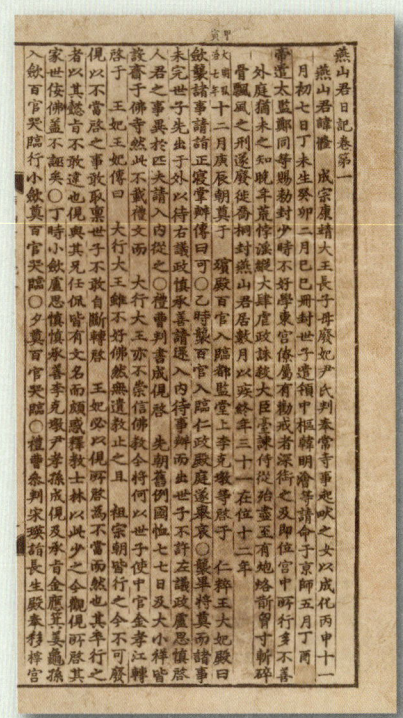

《연산군일기》
조선 10대 왕 연산군 재위 기간의 역사를 기록한 책. 연산군이 임금의 자리에서 폐위되었기 때문에 '실록'이 아닌 '일기'라 한다.

이극돈이 이 사실을 유자광한테 알리고, 유자광이 노사신, 윤필상 같은 훈구파와 함께 연산군한테 상소를 올렸어. 안 그래도 사림파가 눈에 거슬렸던 연산군은 이 일을 계기로 사림들을 몰아내기로 마음먹었어. 연산군은 사림파인 김일손은 물론 권오복, 이목 같은 김종직의 제자들을 죽였어. 또 정여창, 김굉필 등을 귀양 보내고, 이미 세상을 떠난 김종직은 시신을 꺼내 다시 죽였어. 이 사건으로 사림 수십 명이 죽거나 귀양을 갔고, 대신 훈구파가 정권을 잡았어. 사림파와 훈구파의 세력 균형이 깨진 거야. 이 사건이 무오사화야. 무오년에 사림들이 큰 화를 당했다는 뜻이지.

이때부터 나라는 혼란의 도가니로 빠져들어 갔어. 사림들이 없어지면서 조정은 연산군한테 아부하는 사람들로 가득 찼어. 연산군은 간섭하는 사람들이 없으니 마음껏 하고 싶은 대로 했어. 나라는 돌보지 않고 수백 명의 기생들을 궁궐로 불러들여 잔치를 열고 사치스러운 생활을 했어. 그러니 나라 살림이 말이 아니었지. 나라 창고가 비어 가자 연산군은 대신들한테 공신전을 돌려받고 노비까지 빼앗으려고 했어. 그러자 자기 이익 챙기기에 정신없던 대신들 태도가 바뀌었어. 연산군한테 향락 생활을 좀 절제하라고 요청한 거야. 이 때문에 연산군과 대신들이 맞서게 되었어.

그런데 연산군과 대신들의 대립을 이용해 정권을 잡으려는 사람이 있었어. 임사홍이라고, 두 아들을 예종과 성종의 사위로 만든 세력가야. 임사홍이 일급비밀을 연산군한테 알린 거야. 일급비밀이란? 성종이 신하들한테 100년 동안 입을 다물라고 엄명을 내렸던, 바로 성종의 두 번째 부인이자 연산군의 친어머니인 윤 씨 폐비 사건이야! 윤 씨는 성종의 사랑을 받아 후궁에서 왕비까지 되었어. 하지만 질투심이 심해 성종과 많이 싸웠고, 급기야 성종 얼굴에 상처를 입

일급비밀은 윤 씨 폐비 사건!

히고 말았지. 감히 왕의 얼굴에 상처를 내다니, 당시의 유교적인 분위기에서는 용서받기 힘든 일이었어. 성종과 성종의 어머니 인수 대비는 윤 씨를 쫓아내고, 사약을 내려 죽이고 말았어.

연산군은 왕이 되면서 자신의 어머니가 폐비가 되어 죽은 것은 알고 있었지만 어머니를 죽게 만든 사람이 누구인지는 자세히 몰랐어. 그러다 모든 것을 자세히 알게 되면서 수많은 사람을 죽였어. 윤 씨를 쫓아내고 죽이는 데 관여한 사람들을 모조리 찾아 죽인 거야. 이때 성종의 후궁과 그 아들들도 죽고, 연산군의 할머니 인수 대비도 죽고 말았어. 이미 죽은 한명회, 정창손, 남효온 등도 무덤에서 꺼내 다시 죽였어. 무오사화 때 살아남았던 사림들뿐만 아니라 윤 씨를 쫓아내는 데 관련된 훈구 세력들까지 죽임을 당한 거야. 무오사화 때와는 비교가 안 될 정도로 많은 사람들이 화를 입었지. 1504년에 일어난 이 사건을 갑자년에 일어났다고 해서 갑자사화라고 해.

갑자사화는 연산군을 낳은 윤 씨 폐비 사건이 빌미가 되어 일어났어.

중종반정으로 연산군을 몰아내다

연산군은 두 번의 사화를 일으키면서 점점 더 막되게 살았어. 자기한테 비판적인 사람들은 거의 죽이거나 귀양 보냈으니 무서울 게 없었지. 아예 경연, 사간원, 홍문관을 없애 신하들의 말을 들을 수 있는 길을 막아 버리고, 조금이라도 자기 잘못을 지적하는 신하는 죽여 버렸어. 조선 최고의 교육 기관인 성균관을 기생 잔치를 벌이는 놀이터로 만들고, 세조 때 세워진 절 원각사에 기생들을 머물게 했어. 심지어는 도성 주변에 있는 백성들의 집을 허물고 사냥터로 만들었어. 이곳에는 일반 백성들이 들어오지 못하도록 금표비를 세우고 말이야. 이렇게 흥청망청 마구 재물을 쓰니 나라 살림은 말이 아니었지. 그래서 생각한 게 백성들 세금 2~3년 치를 미리 걷는 거였어.

연산군의 끝없는 횡포에 여기저기서 연산군을 비판하는 글이 날아들었어. 그것도 훈민정음으로 쓴 글들이 말이야. 그러자 연산군은 훈민정음을 못 쓰게 하고, 훈민정음과 관련 있는 책들은 불태워 버렸어. 연산군의 폭정이 이 지경이 되니 백성들은 물론 훈구파도 두고 볼 수 없었지.

1506년 9월, 마침내 성희안과 박원종, 유순정이 거사를 일으켰어. 연산군의 측근이었던 임사홍과 신수근, 신수영 형제를 없애고 연산군을 몰아낸 거야. 그러고는 성종의 둘째 아들 진성대군을 왕으로 세웠어. 이 왕이 바로 중종이야. 중종을 왕으로 세운

금표비
연산군이 경기도 일대를 사냥터로 만들고 사람들이 오가는 것을 막기 위해 세웠다. 경기도 고양에 있다.

연산군 때문에 생긴 말, '흥청망청'

흥청망청(興淸亡淸)의 흥은 일어날 흥, 청은 맑을 청, 망은 망할 망이다. 돈이나 물건을 마구 쓰는 모습을 '흥청망청한다'라고 말한다. 연산군은 전국 각지에 사람을 보내 예쁜 처녀를 뽑아 궁궐로 데려오게 했다. 이 기생들을 '흥청'이라고 했는데, 연산군이 '흥청'들을 데리고 놀다가 중종반정으로 쫓겨난 데서 생긴 말이다.

중종반정으로 독재자 연산군 시대가 막을 내렸지.

연산군 묘
서울 도봉구에 있는 조선 10대 왕 연산군과 부인 신 씨의 묘. 연산군은 중종반정으로 폐위되었기 때문에 '능'이 아니라 '묘'라 부른다.

이 사건을 중종반정이라고 해. 반정은 바른 것으로 되돌린다는 뜻이야. 이로써 12년 동안 벌어진 연산군의 잔인한 독재 정치는 막을 내렸어. 중종반정은 많은 피를 흘리지 않고 비교적 쉽게 이루어졌어. 그만큼 연산군에 대한 반감이 컸던 거지.

그럼 중종은 나라를 어떻게 다스렸을까? 먼저 연산군 때 잘못된 것을 바로잡으려고 했어. 경연을 다시 열고 홍문관과 사간원 같은 언론 기관을 되살려 놓았어. 도성 주변에 세운 금표비도 없애 버렸지. 하지만 중종은 자기를 왕으로 세워 준 반정 공신들의 눈치를 봐야 했어. 반정 공신들은 그 전의 훈구 세력과 다르지 않았어. 반정을 주도한 세 공신의 위세는 하늘을 찌를 듯했지. 공신이 되어 높은 관직과 땅, 노비를 받았으면서도 불법적으로 재산을 늘려 갔어. 백성들은 생활이 나아지기는커녕 여기저기서 빼앗아 가는 바람에 힘들게 농사지어도 남는 게 없었어. 농민들 가운데는 농사도 집도 포기하고 떠돌아다니는 사람들이 생겼어. 중종은 성희안, 박원종, 유순정 세 공신이 죽고 나서야 자기 목소리를 낼 수 있었지.

중종, 조광조를 앞세워 개혁을 시도하다

왕권을 발휘하기 시작한 중종이 한 일은 무엇이었을까? 성종과 마찬가지로 사림들을 뽑아 공신 세력을 누르기 시작했어. 이때 활동한 사림 가운데 대표적인 사람이 조광조야. 조광조는 무오사화로 귀양살이를 하던 김굉필에게 성리학을 배우며 성리학의 매력에 푹 빠졌어. 몸도 마음도 정신도 성리학으로 다져졌지. 조광조는 학문이 깊은 것은 물론, 언제나 몸가짐을 바르게 하고 절제 있는 생활을 했어. 29살이 되던 1510년에 진사가 되어 성균관에 들어갔고, 1515년에 관직에 발을 들여놓으면서 중종의 신뢰를 받게 되었지. 중종은 조광조를 사헌부 관리로 임명해 적극적으로 밀어줬어.

〈조광조 초상〉
중종반정 뒤 유교적 이상 정치를 구현하기 위해 다양한 개혁을 시도하였으나, 기묘사화로 세상을 떠났고 그의 개혁도 실패했다.

조광조는 성리학적 이념을 바탕으로 도학 정치를 펼치고 싶었어. 도학 정치란 도덕적으로 몸과 마음을 잘 닦은 어진 왕이 어진 재상과 함께 유교적인 예를 바탕으로 백성을 다스리는 것을 말해. 왕부터 백성까지 유교적인 도덕을 잘 실천하는 나라를 이루고 싶었던 거야. 조광조는 도학 정치를 하기 위해서는 먼저 왕이 학문이 깊고 성품이 어질고 반듯

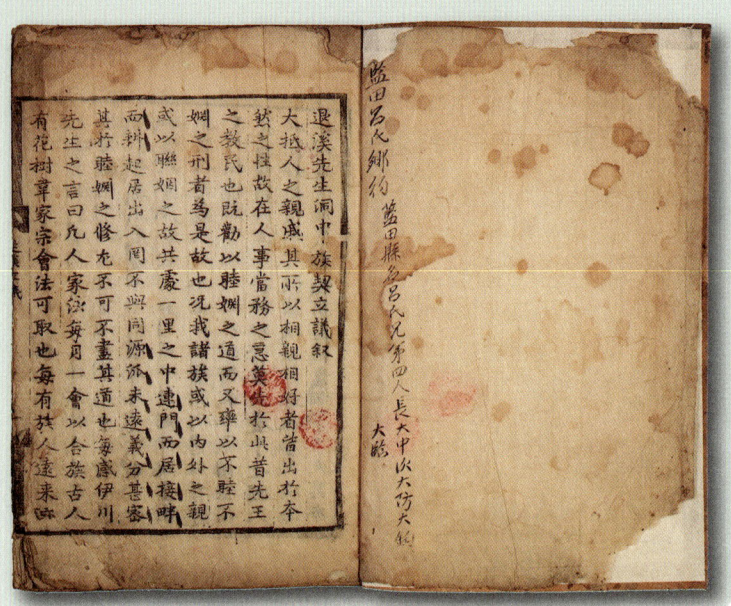

《여씨 향약 언해》
중국 송나라의 향약에 관한 책을 조선 중종 때 김안국이 한글로 번역한 책. 조광조는 여씨 향약을 전국적으로 널리 보급하였다.

조광조는 향약을 실시해 백성들 사이에서도 유교 질서를 세우려고 했지.

해야 한다고 생각했어. 그래서 중종한테 마음과 학문을 갈고 닦아야 현명한 왕이 될 수 있다, 왕은 성리학의 이념이 백성들 생활 속으로 스며들 수 있도록 힘써야 한다, 유교적인 사회 질서가 바로잡히기 위해서는 왕이 모범을 보여야 한다는 등의 주장을 했어. 중종은 조광조의 이런 주장을 신선하게 받아들였어. 그러면서 조광조와 함께 개혁 정치를 펼쳤어. 개혁 정치는 거의 조광조가 생각한 대로 진행되었지.

그럼 개혁이 어떻게 진행되었는지 살펴보자. 먼저 향약을 실시했어. 향약은 백성들이 서로 도우며 살아갈 수 있도록 하는 일종의 지방 자치 규약이야. 백성들한테 유교적인 도덕관과 생활 예절을 가르쳐 유교적인 사회 질서를 세우기 위해 만든 거야. 더불어 전국에 《주자가례》, 《삼강행실도》, 《소학》 같은 책들을 보냈어. 백성들한테 유교적인 도덕 교육을 시키라고 말이야.

그리고 현량과를 실시했어. 현량과는 실력 있고 행실이 바른 사람을 추천받아 간단히 시험을 치른 뒤 관리로 뽑는 제도야. 과거 공부만 열심히 해서 뽑힌 관리들은 성리학을 실천하는 데 한계가 있다고 본 거야. 조광조는 현량과를 통해 자기와 뜻을 같이하는 사림들을 뽑아 개혁 정치를 펼쳐 나갈 수 있었어.

한편 소격서를 폐지했어. 소격서는 하늘에 제사를 지내던 곳인데, 도교 의식을 행하는 곳이었거든. 조광조는 유교 국가인 조선에 소격서를 두는 것은 이치에 맞지 않는다고 했어. 중종은 예전부터 해 오던 풍습이니 그냥 두자고 했지만, 조광조의 주장을 꺾을 수는 없었어.

조광조의 개혁 정책은 여기서 그치지 않았어. 백성들한테 큰 부담이 된 공물의 잘못된 점들을 고쳤어. 공물은 각 지역의 특산물을 바치는 것인데, 여러 가지 비리가 얽혀 있어 백성들한테 큰 짐이 되었거든.

이런 조광조의 개혁 정치는 백성들한테 환영을 받았지. 그러나 반발하는 사람들도 있었어. 누굴까? 바로 훈구파야. 조광조의 뜻대로 한다면 훈구파는 그때까지

조광조 적려 유허비
화순으로 유배(적려)를 왔다가 세상을 떠난 조광조를 추모하기 위해 세운 비석이다. 전라남도 화순에 있다.

조광조 묘소
조광조가 잠들어 있는 묘와 신도비이다.
경기도 용인에 있다.

누려 왔던 특권들을 거의 내놓아야 했어. 게다가 많은 훈구파들이 옳지 못한 일들을 해서 조광조한테 혼이 났거든.

조광조는 훈구파의 생각과 상관없이 잘못된 것들을 뜯어고치려고 했어. 그래서 한 일이 위훈삭제를 단행한 거야. 위훈삭제는 중종반정 때 공도 세우지 않았는데 뇌물을 쓰거나 공신의 아들이나 친척이라 해서 공신이 된 사람들을 공신 목록에서 없애는 걸 말해. 중종과 훈구 대신들은 위훈삭제를 강력히 반대했어. 중종도 이미 결정된 일을 뒤집어 갈등을 일으키고 싶지는 않았거든. 하지만 조정의 분위기를 새롭게 하고 도덕적인 정치를 펼치기 위해선 해야 한다며 조목조목 따지는 조광조를 이길 수 없었어. 이때 공신 117명 가운데 76명이 삭제되었고, 이 사람들은 관직과 재산을 내놓아야 했어. 이 일 때문에 반정 공신들과 훈구파는 조광조를 없애기로 마음먹었어.

중종도 조광조가 지나치게 간섭을 하고 독단적으로 나랏일을 처리하는 것에 점점 불만을 갖게 되었어. 조광조가 조정의 분위기와는 상관없이 과격하게 개혁을 추진하는 데다 지나치게 왕권을 누르려고 하는 게 싫었던 거야. 바른 소리만 하는 조광조를 감당할 자신도 없었지. 성종은 사림파와 훈구파를 적절히 관리해 힘의 균형을 이루며 나라를 다스렸지만 중종한테는 그런 균형감과 능력이 부족했던 거야.

조광조의 개혁은 훈구파의 반발을 샀어.

그런 중종의 마음을 알아차렸던 것일까? 훈구파인 남곤, 심정, 홍경주 등이 중심이 되어 조광조를 비판했어. 중종한테 조광조 일파가 붕당을 만들어 나라를 혼란스럽게 한다고 주장한 거야. 그러면서 경빈 박씨 같은 후궁과 짜고 '주초위왕' 사건을 일으켰어. 주초위왕(走肖爲王)은 주(走) 자와 초(肖) 자를 합하면 조(趙)가 되는데, 바로 조씨가 왕이 된다는 뜻이야. 나뭇잎에 '주초위왕'이라는 글자를 새겨 꿀을 바른 다음 벌레가 갉아 먹게 해서, 이것을 중종한테 올린 거야. 조광조가 왕이 되려는 음모를 꾸미는 증거라고 말이야.

중종은 결국 주초위왕 사건을 계기로 조광조와 사림들을 몰아냈어. 조광조는 귀양 가 사약을 받고 죽었지. 1519년 기묘년에 일어난 이 사건을 기묘사화라고 해.

개혁 정치는 어떻게 되었냐고? 조광조가 죽으면서 거의 원래대로 되돌아가고 말았지. 중종이 조광조를 앞세워 펼치려 했던 개혁 정치는 4년 만에 실패로 끝나고 만 거야.

명종의 외척 세력이 나라를 어지럽히다

조광조가 죽고 개혁 정치가 후퇴하면서 나라는 안팎으로 혼란스러워졌어. 훈구파 안에서 정권을 잡기 위한 싸움이 되풀이되고, 왜구가 여기저기서 문제를 일으켰어. 중종은 이런 일들을 제대로 처리하지 못하고 1544년에 세상을 떠났어. 뒤를 이어 맏아들 인종이 왕이 되었지만 8개월 만에 죽고 말았어. 그 뒤를 이은 왕은 중종의 세 번째 왕비인 문정 왕후가 낳은 명종이야.

명종은 12살 어린 나이에 왕이 되었기 때문에 문정 왕후의 수렴청정을 받아야 했어. 그러면서 나라는 더욱 혼란스러워졌어. 문정 왕후가 동생 윤원형과 함께 어린 왕을 쥐고 흔들며 권력을 휘둘렀기 때문이야. 인종도 문정 왕후가 준 떡을 먹고 죽었다는 이야기가 있어. 자기 아들을 왕으로 세우기 위해서 떡에 독을 넣었다는 거지. 문정 왕후는 명종한테도 못된 엄마였어. 자기 뜻대로 안 되면 왕인 명종을 때렸다는 얘기도 전해지니까. 명종을 이름만 왕인 허수아비로 만들었지.

문정 왕후와 윤원형이 명종을 앞세워 한 일은 무엇일까? 먼저 인종의 삼촌인 윤임 일파를 없앴어. 윤원형은 윤임이 그의 조카 봉성군(중종의 여덟째 아들)한테 왕위를 잇게 하려 한다는 거짓을 꾸며 명종과 문정 왕후에게 알렸어. 인종이 세상을 떠날 때쯤에는 윤임이 성종의 셋째 아들 계성군의 양아들인 계림군을 왕으로 세우려 한다는 소문을 퍼뜨렸고, 이를 구실로 문정 왕후는 윤임, 유관 등을 죽이고, 윤임 일파인 사림 세력을 귀양 보냈어. 이 사건이 1545년에 일어난 을사사화야.

윤원형은 을사사화로 정권을 잡은 뒤 또 하나의 사건을 일으켰어. 양재역 벽서 사건이라고, 을사사화 때 살아남은 정적들을 없애기 위해서였어. 1547년 양재역에서 발견한 벽서에 '위로는 여왕, 아래로는 간신 이기가 권력을 휘두르니 나라가 곧 망할 것'이란 내용이 쓰여

남은 세력까지 모조리 없애려고 한 윤원형 일파, 무시무시하지?

태릉
조선 11대 왕 중종의 계비인 문정 왕후의 무덤이다. 서울 노원구에 있다.

외척은 어머니 쪽의 친척을 가리키는 말이야. 왕후의 친정 사람들을 이르는 말로 주로 쓰였지.

있었어. 여기서 간신 이기가 누군지 궁금하지? 이기는 을사사화 때 윤원형과 손잡고 윤임 세력을 꺾어 공신이 된 뒤 권세를 누리던 사람이야. 윤원형, 이기 등은 이 벽서를 왕한테 보고했어. 그러면서 을사사화의 처벌이 미흡하여 화근이 되는 세력이 남아 있어 이런 벽서를 붙였다고 주장하여, 윤임의 남은 세력과 정적들을 없애 버렸지. 이렇게 해서 윤원형을 중심으로 한 명종의 외척 세력은 문정 왕후를 등에 업고 권력을 휘두르게 되었어. 윤원형 일파는 막강한 권력을 행사하며 재산을 끌어모았어. 상인들에게서 법에도 없는 세금을 거두고, 다른 사람들의 집과 노비, 땅을 억지로 빼앗아 자기 배를 채운 거야.

한편 문정 왕후는 열렬한 불교 신자였나 봐. 유교 국가에서 힘을 잃어 가던 불교를 되살리려고 애쓴 걸 보면 말이야. 문정 왕후는 선종과 교종을 되살리고 없어졌던 승과(승려들의 과거)도 다시 만들었어. 절에 온갖 재물을 갖다 바치는 것도 모자라 승려 보우를 봉은사 주지로 삼고, 나중에는 선종의 가장 높은 지위인 도대선사까지 시켰어.

중앙에서 부정부패가 판치니 지방 수령들도 덩달아 백성들을 괴롭혔어. 게다가 흉년까지 겹쳐 백성들은 입에 풀칠하기도 힘들었어. 그러니 도적들이 기승을 부리고 사회는 걷잡을 수 없이 혼란스러워졌지. 의적으로 알려진 임꺽정도 이때 활동한 거야.

1565년 문정 왕후가 죽고 나서야 나라는 평화로워졌어. 문정 왕후 덕에 큰소리치며 살았던 사람들도 사라졌지. 승려 보우가 제주도로 귀양 갔다가 죽고, 윤원형도 귀양 갔다가 자살했어. 그제야 자기 뜻대로 나라를 다스리게 된 명종은 인재를 뽑고 나라의 질서를 잡아 갔어. 그런데 마음고생을 많이 한 탓일까, 명종은 2년 뒤에 세상을 떠나고 말았어.

임꺽정은 탐관오리의 재물을 빼앗아 가난한 사람들에게 나눠 주었다고 해.

임꺽정 동상
임꺽정은 조선 중기에 활동한 백정 출신의 도적으로, 가난한 사람들을 도왔다는 이야기가 전한다. 강원도 철원의 고석정 인근에 세워져 있다.

선조가 사림을 뽑아 붕당 정치가 시작되다

1567년, 명종의 뒤를 이어 선조가 왕이 되었어. 선조는 예와 덕을 바탕으로 하는 유교 정치 이념에 따라 나라를 다스리려고 했어. 그래서 됨됨이가 뛰어나고 덕이 많으며 학문을 깊이 닦은 사림을 등용하기 시작했어. 명종 때 권력을 휘둘렀던 훈구파가 사라지고 사림이 정치를 이끌어 가게 되었지.

사림들은 어땠을까? 별 탈 없이 나라를 잘 이끌어 갔을까? 글쎄~. 사림이 정권을 잡으면서 이번에는 사림들 사이에서 분열이 일어나기 시작했어. 동인이니 서인이니 하며 파가 갈라져 붕당을 만들고 맞서게 된 거야.

처음에 붕당은 이조 전랑을 뽑는 문제로 일어났어. 신진 사림 김

효원이 이조 전랑에 추천되었는데 명종의 비 인순 왕후의 동생 심의겸이 이를 반대했어. 심의겸은 김효원이 윤원형의 집에 머물렀던 것을 보고 권세에 아부한 소인배라고 비난하면서 반대한 거야. 하지만 결국 김효원은 이조 전랑이 되었어. 그런데 얼마 뒤 김효원이 다른 자리로 가게 되자, 심의겸의 동생 심충겸이 후임자로 추천받았어. 그런데 이번에는 김효원이 반대한 거야. 심충겸은 인순 왕후의 동생이니 왕의 외척을 이조 전랑으로 뽑을 수 없다는 거였지.

붕당은 서로 토론하고 비판하며 정치를 이끌었지만 나중에는 지나치게 정권 다툼을 벌이게 돼.

도대체 이조 전랑이 어떤 자리이기에 이런 갈등이 일어난 걸까? 이조 전랑은 직위는 높지 않았어. 하지만 사헌부, 사간원, 홍문관의 3사 관리를 뽑을 수 있는 권리를 가지고 있었고, 스스로 자기 뒤를 이을 사람을 추천할 수 있었어. 직책은 낮았지만 그 영향력은 무시하지 못할 정도로 셌던 거야. 그래서 이 자리를 둘러싸고 사림들 사이에 갈등이 심해진 거였지.

이조 전랑을 둘러싼 심의겸과 김효원의 대립은 당시 사림들과 관리들을 두 편으로 갈라놓았어. 이들 두 세력이 발전해 정치적, 이념적으로 같은 생각을 가진 사람들이 모여 서인과 동인이라는 붕당을 만든 거야. 이 두 세력은 심의겸이 도성 서쪽 정동에 산다고 해서 서인, 김효원이 도성 동쪽 건천동에 산다고 해서 동인이라 불렸어. 처음에 서인과 동인은 정책을 토론하고 서로의 잘못을 비판하며 건전하게 경쟁했어. 그런데 나중에는 이 파 저 파로 나누어져 정권 다툼을 벌이며 붕당 정치를 펼쳐 나가게 되었지. 동인은 나중에 또 북인과 남인으로 나누어지게 돼.

도적이 될 수밖에 없었던 백성들 그리고 임꺽정

3. 사림, 향촌 사회를 바탕으로 성장하다

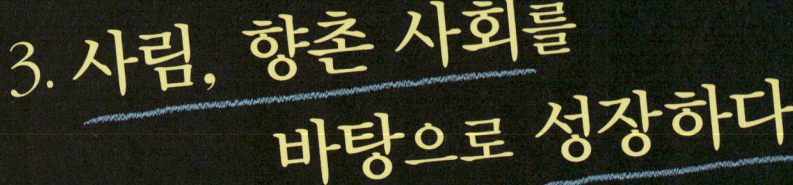

- 사림들은 어떻게 살아남았을까?
- 유향소와 향약은 무엇일까?
- 성리학은 어떻게 발달했을까?
- 서원에서 한 일은?
- 사림이 문화, 예술에 끼친 영향은?

경제력을 바탕으로 향촌 사회를 이끌다

사림이 조정에 나와 활동하다 크게 화를 당한 사건이 네 번이나 있었지? 성종 때 조정에 나오기 시작해 연산군 때 무오사화와 갑자사화를 겪고, 중종 때 조광조를 중심으로 개혁 정치를 펼치다 기묘사화를, 명종 때 을사사화를 겪으며 조정에 남은 사림들이 거의 없었어. 그래도 사림은 사라지지 않았어. 어떻게 그 많은 화를 겪으면서도 살아남을 수 있었을까?

사림은 고려 말 신진 사대부 가운데 조선 건국을 반대한 사람들이 고향인 향촌에 내려가 성리학을 연구하며 길러 낸 선비들이잖아. 이들 대부분은 정몽주와 길재의 학풍을 이어받았고. 성종 때 사림파를 이끈 김종직도 길재의 학풍을 이어받았어. 김종직이 기른 제자들이 바로 김일손, 김굉필, 정여창 같은 선비들이야. 조광조는 김굉필의 제자였지. 사화로 많은 사림들이 죽었지만, 살아남은 사림들이 또 제자들을 길러 내면서 사림은 그 맥을 유지할 수 있었어.

사림은 어떻게 그 세력을 유지할 수 있었던 걸까? 일단 비교적 잘 살았기 때문이야. 사림은 대부분 농촌의 중소 지주였거든. 조상들에게서 넓은 농장과 많은 노비를 상속받은 데다가 토지를 개간해 농경지를 넓히고, 모내기 같은 새로운 농업 기술을 활용해 많은 곡식을 거두어들였어. 사림은 이런 경제적인 능력을 바탕으로 향촌 사회를 이끄는 주요 세력이 되었고, 조정에 나가 사림파를 형성한 거야.

고창 향청(유향소)
유향소는 지방 수령을 도와주거나 감시하는 역할을 한 자치 기관으로, 조선 후기에는 향청이라 불렸다. 전라북도 고창 읍성에 있는 향청의 모습이다.

사림은 향촌 사회를 어떻게 이끌었을까? 사림들은 유향소라는 기관을 만들어서 유교적인 사회 질서가 바로잡힐 수 있도록 노력했어. 수령을 도와주거나 감시하는 역할도 했지. 수령이나 이방, 호방 같은 향리가 백성들 것을 빼앗고 괴롭히지는 않는지, 뇌물을 받거나 부정을 저지르지는 않는지 감시한 거야. 잘못을 발견하면 혼내 주기도 했지. 유향소는 때에 따라 생겼다 없어졌다 했어. 왕권을 강화하려고 했던 태종이나 세조는 권력이 나눠진다는 이유로 유향소를 없

앴어. 반면 유교 정치를 지향하며 왕과 신하, 신하들 사이에 힘의 균형을 이루었던 세종이나 성종은 유향소를 다시 세웠지. 유향소가 향촌의 질서를 바로잡는 구실을 한다고 생각한 거야. 하지만 유향소가 늘 좋은 일만 한 건 아니야. 유향소 양반들이 수령과 손잡고 백성들 것을 빼앗기도 했으니까.

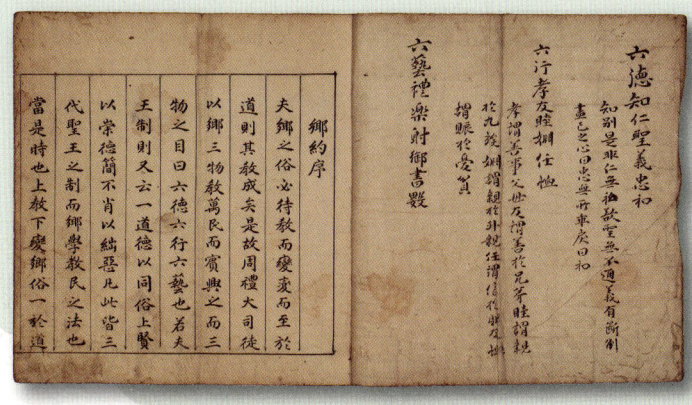

《신증향약조》
충청남도 보은에서 실시한 향약의 규약을 기록한 책.

사림은 향약을 퍼뜨리는 데에도 힘썼어. 향약은 중종 때 조광조가 처음 실시한 거 알지? 향약은 향촌 사람들이 서로 도우며 잘 살아 보자고 정한 약속 같은 거야. 향약에서는 다음의 4가지 덕목을 권하고 있어. '착한 일은 서로 권한다, 잘못된 것은 서로 잡아 준다, 예절을 서로 지킨다, 어렵고 힘든 일은 서로 돕는다'. 이런 덕목을 백성들한테 가르쳐 유교적인 사회 질서를 세우려고 했지. 향약을 시행하면서 향안을 만들기도 했어. 향안은 지방 양반의 이름을 적은 문서야. 향

향약의 원조는?

향약의 원조는 중국 송나라 학자 여대균이 만든 여씨 향약이다. 성리학자 주희가 여씨 향약을 보완했고, 조선은 이것을 들여와 조선의 실정에 맞게 만들어 군, 현이나 마을 단위로 시행하였다.

안에 올라간 양반은 향회를 만들어 세금이나 부역 문제들을 의논하기도 하고, 여론을 모으기도 하며 수령과 백성들 사이에서 다리 역할을 했어. 이는 농민들 생활을 안정시키는 데 도움이 되기도 했지만, 문제를 일으키기도 했어. 양반이 세금이나 부역 문제를 의논할 때 자기들한테 유리한 방향으로 이끌어 가기도 했거든.

사림이 백성들에게 성리학을 알리기 위해 쓴 교재는? 《소학》,《삼강행실도》 같은 책들이야. 성리학의 도덕 교과서지.

이처럼 사림은 많은 재산을 갖고 유향소, 향약 등을 이끌며 향촌에 깊이 뿌리내렸어. 조정에서 부를 때는 올라가 나랏일을 하고, 화를 당하면 향촌에 숨어 지내며 제자들을 기르고 백성들을 가르쳤지. 그러면서 학풍과 뜻이 같은 사람들이 모여 세력을 키우며 그 뜻을 펼칠 기회를 노렸어.

이론적 기반인 성리학을 발달시키다

조선의 정치 이념이자 사림의 학문적 기반은? 성리학. 조선은 성리학을 바탕으로 여러 가지 제도와 문물을 마련하고, 사회 질서를 세웠잖아. 불교나 다른 사상은 철저하게 물리치면서 말이야. 고려가 유교, 불교를 비롯해 도교나 민간 신앙까지 받아들인 열린 국가였다면, 조선은 유교만을 고집한 좀 폐쇄적인 국가라고 할 수 있어. 그래서 성리학은 더욱 발달할 수 있었지.

성리학을 발달시킨 조선의 대표적인 학자는 누굴까? 여러분도 잘 아는 이황과 이이야. 모른다고? 우리나라 지폐에 누가 그려져 있는

지 알지? 천 원권에는 이황이, 오천 원권에는 이이가 그려져 있잖아.

이황은 1501년에 태어나 1534년 34살에 문과에 급제해 관리의 길에 들어섰어. 39살에 정6품인 홍문관 수찬이 되어 왕이 발표하는 문서의 글을 짓는 일을 했지. 그러다 사가독서에 뽑히기도 했어. 사가독서가 뭔지 알지? 조선 시대에 인재를 기르기 위해서 문신들한테 휴가를 주어 독서에 전념할 수 있게 한 제도 말이야.

이황은 기묘사화, 을사사화 같은 사건을 보면서 정치에 대한 기대를 접게 되었어. 아프다는 핑계로 관직에서 물러나 고향 안동으로 내려갔지. 48살에 단양 군수, 풍기 군수 등을 지내기도 하고, 여러 관직에 임명되기도 했지만, 대부분은 안동에서 성리학을 연구하고 제자들을 길렀어. 어지러운 정치판에 끼어들고 싶지 않았던 거야.

이황은 주로 사람이 지녀야 할 가치가 무엇인지, 인간답게 사는 길이 무엇인지를 연구했어. 그리고 깨달은 것은 실천해야 한다고 생각했어. 이황은 임금은 어질어야 하고, 신하는 임금을 공경해야 하고, 아버지는 자식을 사랑해야 하고, 자식은 부모에게 효도해야 한다고 가르쳤지. 이황은《성학십도》를 지어 선조한테 바치기도 했어.《성학십도》는 성리학의 핵심 내용을 그림까지 넣어서 쉽게 설명한 책이야. 선조가 성리학에 바탕을 둔 훌륭한 왕이 되기를 바라는 마음에서 지은 거야.

이황이 대부분의 삶을 학문 연구를 하며 고향에서 보냈다면, 이이는 조정에서 관직 생활을 하며 적극적으로 자기 생각을 펼쳤어. 이이는 선조한테 상소문을 올려 연산군 때 늘어난 세금을 줄이고, 공

우리나라 돈 천 원권에는 이황, 오천 원권에는 이이가 그려져 있어.

《성학십도 聖學十圖》에서 '성학(聖學)'이란 왕이 배워야 할 학문이란 뜻이지.

《성학십도》
이황이 선조가 성군이 되기를 바라는 마음으로 올린 일종의 상소문으로, 왕이 배워야 할 성리학의 도리를 글과 그림으로 설명하였다.

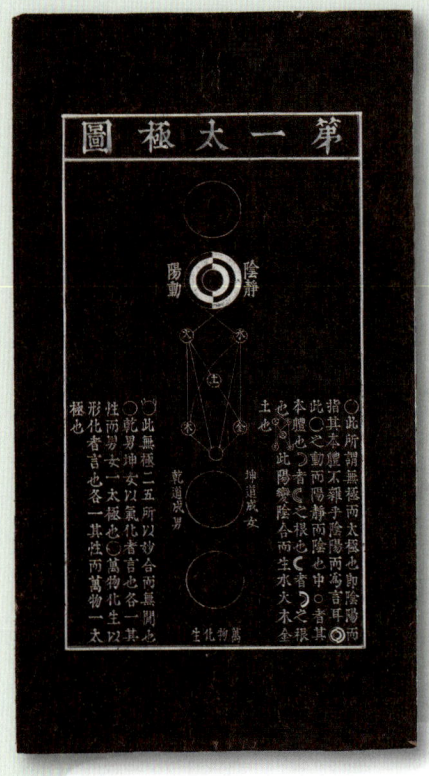

〈퇴계 이황 초상〉
조선 시대 유학자인 이황은 주자의 학문을 깊게 연구하여 조선 성리학의 기초를 세웠다.

《성학십도》는 10개의 개념을 도표로 다루고 있는데, 이것은 제1도인 '태극도'야. 우주의 기원에 대해 설명하고 있지.

물로 그 지역에서 생산되지도 않는 특산물을 바치는 일이 없게 해야 한다고 건의했어. 백성들 생활을 안정시키기 위해서 말이야.

이이는 나라를 지키기 위해 국방 문제에도 관심을 기울였어. 언젠가 일본이 쳐들어올 거라며 군사력을 키워야 한다고 했지. 이이는 과거 시험에서 9번이나 장원 급제를 할 만큼 학문이 뛰어났어. 이이가 쓴 《성학집요》는 왕과 왕세자를 가르치는 교재로 쓰이기도 했지. 이이는 훌륭한 정치가이자 학자였어.

이황, 이이 말고도 조식이나 서경덕 같은 뛰어난 학자들이 있어. 이들은 한결같이 학문을 연구하고 제자들을 길러 냈어. 그 제자들이

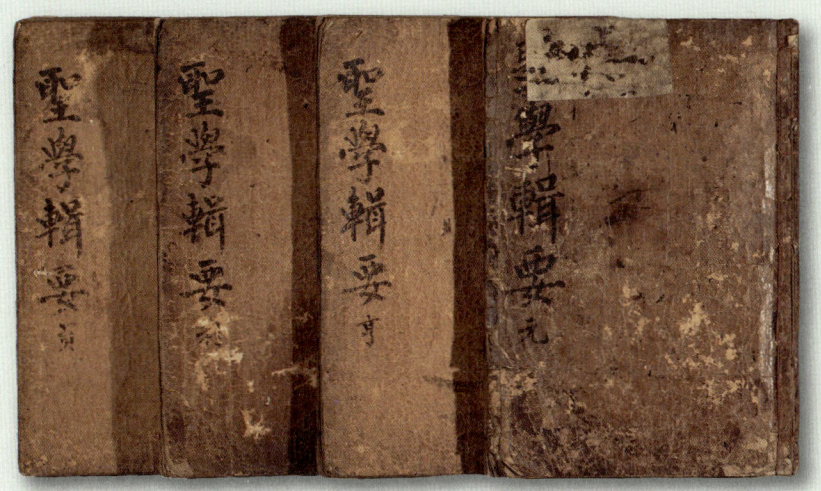

《성학집요》
이이가 국왕이 배워야 할 학문 내용을 정리한 책으로, 선조에게 바쳤다.

《율곡 이이 초상》
조선 시대 정치가이자 유학자인 이이는 이황과 함께 성리학을 발전시킨 위대한 학자이다.

관직에 올라 나라를 이끌어 간 거야.

서원을 통해 끼리끼리 힘을 모으다

사림한테는 또 하나의 든든한 버팀목이 있었어. 무엇일까? 바로 서원이야. 서원은 사림들이 자기 재산으로 세운 사립 학교이자 선배 유학자를 기리며 제사를 지내는 사당 같은 곳이야. 사림은 서원에서 세상을 떠난 대유학자들을 기리면서 성리학도 연구하고 제자도 기르고 정치적인 꿈을 키우며 때를 기다렸지.

서원은 사람들의 세력 기반이었어.

소수 서원
조선 중종 때 주세붕이 경상북도 영주의 백운동에 세운 서원으로 우리나라 최초의 서원이자 최초의 사액 서원이다.

　서원이 처음 세워진 때는 1543년(중종 37). 풍기 군수 주세붕이 경상북도 영주에 백운동 서원을 세웠지. 백운동 서원은 사당을 지어 우리나라에 성리학을 처음 들여온 안향을 기리는 제사를 지내고, 양반 자제들을 가르쳤어.

　그러다 1548년에 이황이 풍기 군수로 오면서 백운동 서원에 변화가 일어났어. 이황이 백운동 서원을 지원해 달라고 나라에 요청한 거야. 명종은 직접 소수 서원이라는 이름을 짓고 현판을 내렸어. 이때부터 백운동 서원은 소수 서원으로 이름이 바뀌었지. 이렇게 왕이 직접 이름을 지어 준 서원을 사액 서원이라고 해. 소수 서원은 우리나라 최초의 서원이자 최초의 사액 서원이 된 거야. 사액 서원이 되

도산 서원
퇴계 이황의 학문과 덕행을 기리고 추모하기 위해 제자들이 세운 서원이다. 이황이 제자들을 가르치던 도산 서당이 있던 곳으로 경상북도 안동에 있다.

병산 서원
조선 선조 때의 재상 류성룡을 기리기 위해 세운 서원으로, 경상북도 안동에 있다. 고려 말 풍산현에 있던 풍산 류씨의 교육 기관인 풍악 서당이 전신으로, 류성룡이 이곳으로 옮겼다고 한다.

면 나라에서 여러 가지 혜택을 주었어. 토지와 노비, 책을 주고, 세금까지 면제해 주었지.

명종 때 을사사화가 일어난 뒤 사림파 학자들이 향촌으로 내려가면서 영남 지방을 중심으로 전국 곳곳에 서원이 생겼어. 실력 있는 학자들이 지방 양반 자제들을 가르치면서 서원은 공립 학교인 향교보다 더 인기를 끌었지. 대표적인 서원으로는 이황의 학문을 기리기 위해 경상북도 안동에 세운 도산 서원, 선조 때 영의정까지 올랐던 류성룡을 기리는 병산 서원, 중종 때의 문신 이언적을 기리는 옥산 서원 등이 있어. 서원은 계속 늘어나 선조 때는 사액 서원만 해도 100개가 넘을 정도였어.

우리나라 최초의 서원은 백운동 서원. 나중에 소수 서원으로 이름이 바뀌었지.

선조가 사림을 많이 등용했다는 거 알지? 선조 덕분에 서원에서 공부한 인재들이 조정에 나와 정치의 주도권을 잡았어. 그러면서 같은 학풍과 같은 뜻을 지닌 사림끼리 모여 붕당을 만들어 붕당 정치를 펼치게 되었고. 서원은 성리학을 퍼뜨리고 지방 교육을 발전시키면서, 한편으로는 붕당 정치의 파벌을 만드는 토대가 되었어.

사림, 성리학, 향약, 서원 등등, 좀 복잡하지? 그렇게 복잡할 건 없어. 한마디로 말하면 사림은 경제력을 지닌 성리학자로 향약을 통해 향촌 사회를 이끌고, 서원을 통해 정치적인 힘을 길러 선조 때부터 중앙 정치를 이끌어 간 거야.

문화, 예술을 발달시키다

16세기에 사림이 성장하면서 문화적으로도 영향을 주었어. 15세기의 양반 문화가 사림의

등장으로 더욱 발전한 거야.

먼저 건축을 살펴보자. 조선 건국 초에는 새 수도인 한양을 세우면서 성문, 궁궐, 관청 같은 건물을 세우는 건축 기술이 발달했어. 조선은 유교의 나라였지만 조선 초에는 불교 건축물도 많이 지었어. 세조가 불교를 믿는 등 왕실에서도 불교에 호의적인 경우가 많았기 때문이야. 대표적인 불교 건축물로는 세조 때 지은 원각사지 10층 석탑과 팔만대장경 경판을 보관하고 있는 해인사 장경판전을 들 수 있어. 장경판전은 풍수지리를 활용해 습도와 바람의 방향 등을 자동으로 조절할 수 있게 과학적으로 지은 건물이야. 그래서 지금까지도 팔만대장경은 썩지 않고 잘 보관되고 있어. 덕분에 해인사 장경판전은 유네스코 세계 문화유산으로

이곳에 보관된 경판의 수가 8만여 개라서, 팔만대장경이라고 부른대.

해인사 장경판전
고려 시대에 만들어진 팔만대장경을 보관하기 위해 지은 건물. 경상남도 합천의 해인사에 있으며, 유네스코 세계 문화유산으로 지정되었다.

지정되었지.

사림이 지방 곳곳에 서원을 지으면서는 서원 건축이 발달했어. 서원은 산과 물이 있고 경치가 아름다운 조용한 곳에 많이 지었지. 서원은 학문을 연구하고 나누는 강당, 제사를 지내는 사당, 제자들이 먹고 잘 수 있는 기숙사 등으로 이루어졌어. 주변의 자연 경관과 잘 어우러져 아름다운 멋을 내는 서원으로는 안동의 병산 서원, 경주의 옥산 서원 등이 있지.

왕실이나 양반들이 사용하는 자기에서도 변화가 일어났어. 고려 말부터 조선 초까지는 주로 분청사기를 썼지만 16세기에 들어와 백자를 널리 사용하게 되었지. 순백색의 수수하고 세련된, 깊은 멋을 내는 백자가 성리학을 깊이 공부한 사림들의 분위기와 잘 어울렸기 때문

깨끗하고 고상한 분위기의 백자는 선비들의 사랑을 받았지.

백자 달항아리
조선 시대 대표적인 도자기 가운데 하나로, 생긴 모양이 보름달처럼 크고 둥글다 하여 붙여진 이름이다.

백자 청화 사자 호랑이 무늬 항아리
청화 백자는 백자에 푸른 물감으로 그림을 그려 넣은 것이다.

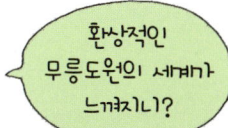

〈몽유도원도〉
조선 초기 화가 안견이 그린 산수화로, 안평 대군의 꿈 이야기를 듣고 그렸다.

이야. 성리학에서는 화려하고 사치스러운 생활을 금지하고 검소하게 살라고 가르쳤거든. 백자로는 무늬가 없는 순백자와 푸른 물감으로 그림을 그려 넣은 청화 백자 등이 있어.

그림과 글씨도 발달했어. 15세기 그림은 크게 둘로 나눌 수 있어. 나라에 소속된 도화서 화원들이 그린 그림과 관료이자 문인인 선비들이 그린 그림으로 말이야. 도화서 화원들은 주로 나라에서 일어나는 일들을 그렸어. 도화서 화원 출신 가운데 독특한 화법으로 그림을 그린 사람이 있어. 바로 안견이야. 안견이 그린 대표적인 그림은 〈몽유도원도〉야. 〈몽유도원도〉는 안견이 세종의 셋째 아들인 안평 대군의 꿈 이야기를 듣고 그린 거야. 이 그림은 비현실적인 무릉도원의 세계와 현실 세계를 잘 표현한 것으로 유명해. 문인 화가로 대표적인 사람은 강희안이야. 강희안이 그린 〈고사관수도〉는 한 선비

〈고사관수도〉
조선 전기의 화가 강희안이 그린 산수인물화이다. 바위에 엎드려 물을 바라보고 있는 선비의 모습이 한가로워 보인다.

〈초충도〉
조선 시대 여류 화가인 신사임당이 풀과 벌레를 소재로 하여 그린 그림. 총 8폭 병풍 그림 중 일부이다.

가 바위에 엎드려 물 위를 바라보는 모습을 표현했어. 자연을 음미하는 선비의 모습 속에서 그 인물의 내면 세계를 엿볼 수 있는 작품이지. 한편으로는 산과 물이 어우러진 자연의 모습을 그린 산수화도 유행했어.

16세기의 유명한 화가로는 이상좌, 신사임당 같은 사람을 들 수 있어. 이상좌는 노비이면서 그림을 잘 그려 도화서 화원까지 된 사람이야. 신사임당은 누군지 알지? 율곡 이이의 어머니잖아. 신사임당은 훌륭한 어머니이면서, 시나 그림, 글씨 등에서도 뛰어났어. 신사임당은 주로 풀벌레, 포도, 꽃과 새, 매화, 난초 같은 것을 그렸어.

조선 시대 양반들은 누구나 글씨를 잘 썼어. 양반들 하는 일이 주로 책을 읽고 글을 쓰는 것이었으니 자연히 서예가 발달했지. 그중에서도 안평 대군은 고려 말부터 유행한 원나라 조맹부의 글씨체인 송설체를 따르면서도 자신만의 개성적인 글씨를 만들어 냈어. 한석봉도 중국 동진의 왕희지와 당나라 안진경의 글씨체를 익혀 개성 있는 글씨를 썼고.

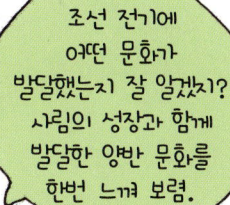

조선 전기에 어떤 문화가 발달했는지 잘 알겠지? 사림의 성장과 함께 발달한 양반 문화를 한번 느껴 보렴.

향약이 실시되는 마을로

《신증향약조》
충청남도 보은에서 실시한 향약의 규약을 기록한 책. 사림에 의해 주도적으로 실시된 향약은 향촌 사회에 많은 영향을 끼쳤다.

4. 유교적인 사회 질서가 생활 곳곳에 스며들다

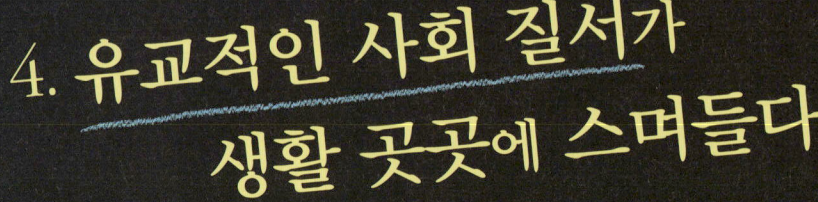

v 《경국대전》에는 무슨 내용들이 있을까?
v 유교의 나라 조선의 신분 제도는 어땠을까?
v 유교적인 풍습에는 어떤 것들이 있을까?

《경국대전》으로 유교 사회 질서를 세우다

나라에서 백성들을 어떻게 다스렸는지, 백성들의 권리와 의무가 무엇인지, 사람들이 어떤 질서 속에서 살았는지 알려면 무엇을 보면 될까? 가장 체계적으로 알려 주는 것은 법전이라고 할 수 있어. 조선을 알려면 《경국대전》을 보면 돼. 조선 최고의 성문 법전 말이야. 고려 시대까지만 해도 중국에서 들여온 법률이나 옛날부터 내려오는 관습법으로 백성들을 다스렸는데, 조선 시대에 와서 글로 된 법전이 나오게 된 거야.

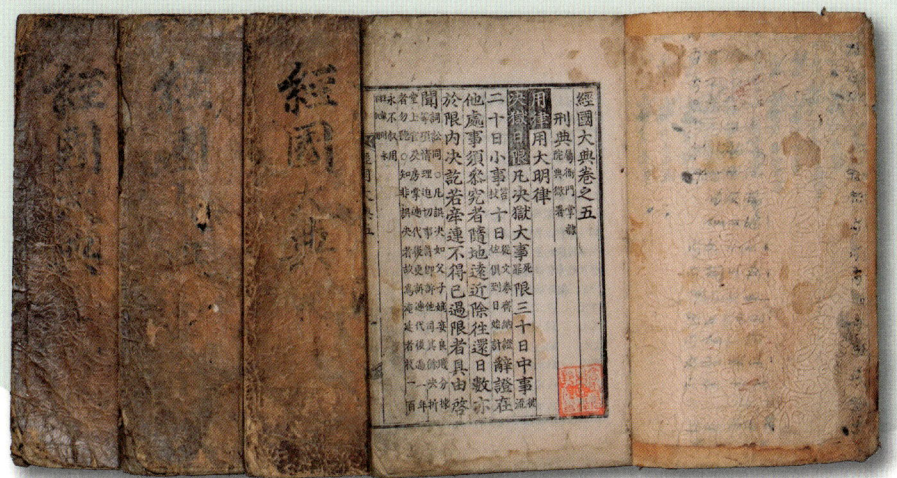

《경국대전》
성종 때 완성된 조선 최고의 법전으로, 나라를 다스리는 기준이 되었다.

《경국대전》을 보면 조선 사회가 어떻게 운영되었는지 알 수 있어.

그럼 《경국대전》이 나오기 전에는 법전이 없었을까? 있긴 있었어. 태조 때 정도전이 《조선경국전》을, 조준이 《경제육전》을, 태종 때는 이것들을 보완해 《원육전》과 《속육전》을, 세종 때는 《신찬경제육전》을 만들었어. 그런데 하나로 통일된 법전은 없었어. 새 왕이 즉위하거나 새로운 사건이 생길 때마다 새 법령을 만들었기 때문에 법령들은 쌓여 갔는데 말이야. 세조 때 와서야 여기저기 흩어져 있는 법령들을 모아서 하나로 통일된 법전을 만들려고 했어. 세조는 1457년(세조 3)에 육전상정소라는 기구를 설치하고 《경국대전》을 본격적으로 만들기 시작했어. 《경국대전》은 성종 때 완성되었는데, 완성된 뒤 몇 번을 더 고치면서 1485년(성종 16)에 시행되기 시작했지.

《경국대전》은 어떻게 구성되어 있을까? 이전, 호전, 예전, 병전, 형전, 공전이라는 6전 체제로 되어 있고, 법조문 319개가 들어 있지. 6전 하니까 뭔가 떠오르지 않니? 6조, 6방 말이야. 중앙에 6조, 지방에 6방이 있었잖아. 이런 행정 조직 체계에 맞게 법전을 짠 거야. 6전에 담긴 법조문은 6조와 6방이 실제로 나랏일을 하고 백성들을 다스리는 기준이 되었어. 6전에 담긴 법조문들을 보면 당시 사람들이 어떻게 살았는지 엿볼 수 있어. 왕실과 관리가 해야 할 일부터 백성들이 지켜야 할 일들까지 조목조목 다루고 있으니까.

《경국대전》이 반포되면서 행정 질서가 체계적으로 세워지고 유교적인 의례와 생활 규범이 마련되었어. 결혼이나 제사 등에 대한 규정을 보면 조선이 유교 예법을 얼마나 중요하게 여겼는지 알 수 있지.

첩의 자식도 무과와 잡과는 볼 수 있었어.

그런데 조선 시대에는 최고의 법전이었던 《경국대전》을 지금의 눈으로 보면 문제도 있어. 무슨 문제냐고? 예를 들어 '여자는 남편이 죽어 다시 결혼을 하면 정부인 등의 봉작을 회수하고 자녀들이 벼슬길에 나가지 못하게 한다, 첩의 자식은 소과와 대과를 볼 수 없다, 노비는 사고팔 수 있다' 같은 비인간적인 조문들이 있다는 거야. 이런

《경국대전》 6전에 담긴 내용

이전 : 중앙과 지방 관제, 관리의 임명 같은 행정 조직에 대한 규정

호전 : 세금과 관리들의 녹봉, 상거래 같은 경제 관련 규정

예전 : 과거 제도와 교육, 외교, 혼인과 제례 같은 의례에 대한 규정

병전 : 국방, 군사에 대한 규정

형전 : 재판과 형벌, 재산 상속, 노비 등에 대한 규정

공전 : 도로, 교통, 건축, 도량형 등에 대한 규정

원칙이 세워진 것은 조선이 성리학을 받아들였기 때문이야. 성리학은 예의와 도리를 중시했잖아. 성리학에서 중시하는 삼강오륜을 살펴보면 임금과 신하, 부모와 자식, 남편과 아내, 어른과 아이 등을 윗사람과 아랫사람의 관계로 보고 주로 아랫사람이 윗사람한테, 아내가 남편한테 지켜야 할 도리를 강조한 것을 알 수 있어. 이러한 위아래의 질서를 바탕으로 양인과 천인, 양반과 일반 백성을 엄격히 구분하고, 신분에 따라 하는 일과 해야 할 의무를 법으로 정한 거야.

또 '삼종지도'라는 말 들어 봤니? 삼종지도는 여자가 어릴 때는 부모를 따르고, 결혼해서는 남편을 따르고, 늙어서는 아들을 따라야 한다는 뜻이지. 이런 가르침은 《소학》에도 잘 나타나 있어. 성리학이 발달하면서 신분제와 남녀 차별이 더욱 굳어져 간 거야.

《소학》
송나라 주자의 제자 유자징이 주자의 지시에 따라 편찬한 책. 8살 안팎의 아이들에게 유학을 가르치기 위한 교재로 주로 사용되었다.

유교 사상에 따라 신분을 철저히 나누다

《경국대전》을 보면 조선이 유교 사상을 바탕으로 한 신분제 사회였다는 것을 잘 알 수 있어. 임금에 대한 충성과 부모에 대한 효도, 아랫사람이 윗사람한테 지켜야 할 도리를 중요하게 생각했다는 것도 알 수 있고. 따라서 신분에 따라 권리와 의무도 달랐어. 사람들의 신분도 더 엄격하게 나뉘었고. 처음에는 크게 양인과 천인으로 나뉘었는데 유교적인 분위기가 자리 잡으면서 양인이 양반, 중인, 상민으로 나뉜 거야. 물론 신분은 대대로 이어졌고, 신분에 따라 맡은 일과 사는 곳, 생활 모습이 달랐지.

먼저 양반부터 살펴보자. 양반이란 문무 관직을 차지할 수 있는 사대부 신분을 가리키는 말이야. 양반은 과거 시험인 문과를 보고 문반이 되거나, 무과를 보고 무반이 되었어. 원래 양반은 문반과 무반을 합해 부른 말이야. 양반들은 관리가 되어 나랏일을 하며 조선 사회를 이끌어 갔어. 과거에 합격해 관리가 된 사람들은 많은 특권을 누렸어. 양반은 대부분 조상한테 땅과 노비를 물려받았는데, 관리가 되면 나라에서도 받았어. 그래서 땅과 노비를 늘려 나갈 수 있었어. 반면에 군대에 갈 의무도, 나라에서 벌이는 공사에 동원되는 부역 의무도 지지 않았어. 나랏일을 한다는 이유로 권리는 많이 누리고 의무는 거의 지지 않았던 거지.

이런 양반한테도 높고 낮은 서열이 있었어. 관직이 18등급으로 나뉜 거야. 벼슬에 따라 지위의 높고 낮음이 있고, 맡은 일이나 주어지는 대가가 달랐지. 같은 양반이라고 하더라도 문반이 무반보다 높았고, 첩의 자식은 문과에 응시할 수 없었어. 양반 사회 안에서도 등급이 나뉘고 차별이 있었던 거야.

중인은 어떤 사람들일까? 중인들은 하급 관리인 서리, 군교나 천문, 지리, 의학, 법률 등의 지식을 갖춘 전문가로, 전문적인 일을 맡아서 했어. 외국어 통역을 맡은 역관도

품석
품석은 관리의 품계를 새겨 놓은 돌이다. 조선은 품석을 서열대로 길게 세워 나라에서 행사를 하거나 조회를 할 때 관리들이 자기 품계를 새겨 놓은 돌 옆에 서게 했다. 관직이 높고 낮음에 따라 서는 위치도 달랐던 신분 질서를 알 수 있다.

양반　중인　상민　천인

중인이었지. 요즘에는 천문학자, 의사, 변호사 같은 직업이 무척이나 인기 있지만, 조선 시대에는 그다지 훌륭한 일로 취급받지는 못했어. 그래서 양반들은 이런 직업은 쳐다보지도 않았고, 중인들이 대를 이어서 했지. 중인들은 군역의 의무를 졌을까? 지지 않았어. 의술을 발휘하든, 통역을 하든 나라를 위해 중요한 일을 하기 때문에 군역까지 질 필요는 없다고 여긴 거야.

일반 백성인 상민은 농민, 어민, 수공업자, 상인 같은 사람들이야. 이 중에서 농민이 가장 많았어. 이들은 땅 주인한테 내는 소작료 말고도 나라에 세금을 내고 부역을 해야 했어. 한 해 동안 땅에서 거두어들인 곡식의 일부와 그 지역에서 나는 특산물을 세금으로 내고, 군사가 되어 나라를 지키는 군역, 궁궐이나 성곽 짓기 같은 요역의 의

오늘날에 인기 있는 직업인 의사와 같은 전문직이 조선 시대엔 좋은 직업이 아니었어.

양반 밥상

백성 밥상

조선도 신분에 따라 삶의 질이 무척이나 달랐지.

무를 져야 했던 거야. 이런 일들을 감당하느라 상민들은 공부할 시간도 과거를 볼 여유도 없었어. 그저 열심히 일하면 굶지 않을 정도였지. 그러니 과거 시험을 보고 관리가 된다는 것은 그림의 떡이었어. 조선은 농업을 중요하게 생각해 농사는 권하면서, 장사는 하찮게 여겼어. 유교에서는 이익을 내기 위해 장사하는 것을 천시했기 때문이야. 이렇게 상민은 의무는 많고 권리는 별로 없는 신분이었어. 따지고 보면 많은 수의 상민이 열심히 일해 적은 수의 양반을 먹여 살리면서 조선 사회가 유지되었다고 할 수 있지.

마지막으로 천인을 보자. 천인은 가장 지위가 낮은 신분이었어. 천인에는 노비가 속했어. 노비는 사람 대접을 받지 못하고 언제나 하나의 재산으로 여겨졌어. 사고팔고, 주고받고, 상속되고, 물론 신분도 세습되었지. 부모 가운데 어느 한쪽만 노비여도 그 자식은 모두 노비가 되었어. 노비는 평생 주인을 위해 일했고, 주인이 시키는 일

〈벼 타작〉
김홍도의 《단원풍속도첩》에 실린 풍속화로, 농민들이 벼를 타작하고 이를 감시하는 지주의 모습을 보여 주고 있다.

〈행상〉
김홍도의 《단원풍속도첩》에 실린 풍속화로, 지게에 나무통을 진 상인과 광주리를 머리에 인 부인의 모습을 그린 작품이다. 상인들도 상민에 속했다.

은 무조건 해야 했어. 주인집 행랑채나 근처에 살면서 농사를 대신 짓고, 부엌일, 심부름 같은 온갖 일을 했어. 노비가 견디다 못해 도망치면 나라에서 잡아 주기도 했지. 이렇게 사람이 사람을 짐승처럼 부리던 역사는 길고도 길지? 청동기 시대에 계급 사회가 본격화되면서 조선 말까지 이어졌으니까.

그런데 조선 시대에 와서는 이전과 좀 달라진 게 있어. 신라부터 고려 말까지 있었던 향, 소, 부곡이 지방 행정 조직에서 사라진 거야. 사람들을 따로 살게 한 향, 소, 부곡이 없어졌다는 건, 그만큼 차별이 줄어들었다는 것을 의미해. 이는 점점 더 평등한 세상을 향해 가고 있다는 뜻이고, 그만큼 역사가 발전한 것으로 볼 수 있지.

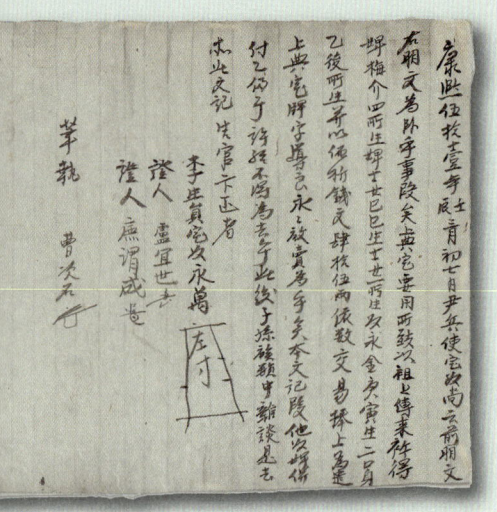

노비 매매 문서
이생원의 노비 영만이 노비 상운에게 노비를 판다는 내용의 노비 매매 문서이다. 조선 시대 양반 가문에서는 자신의 노비를 시켜 상거래를 대행하는 것이 일반적이었다. 이처럼 조선 시대의 노비는 사고파는 대상이었다는 걸 알 수 있다.

왕부터 백성까지 유교 예법에 따라 생활하다

조선은 《경국대전》으로 나라의 기틀을 세우는 한편, 왕부터 백성까지 모두 유교의 가르침을 따라 생활했어. 왕실이나 나라에서 행하는 모든 의례는 유교 예법에 따랐지. 또 나라의 근본이 백성한테 있다는 유교의 가르침에 따라 나랏일을 결정할 때 백성을 먼저 생각하려고 했어. 세종이 세금 제도를 바꿀 때 농민들의 의견을 들은 것도 그 때문이야.

유교 교육도 강화했어. 한양에는 최고 학교인 성균관을, 지방에는 향교를 세워 유학을 가르쳤어. 과거 시험에서 유학 실력을 평가하고, 관리를 뽑을 때도 사상이나 말하고 행동하는 것들이 유교의 가르침을 잘 따르고 있는지 보았어. 이렇게 뽑힌 관리들은 유교의 가르침에 따라 제도를 마련하고 여러 가지 일들을 처리했지.

백성들은 어떻게 생활했을까? 백성들이 유교적인 생활을 하게 되기까지는 시간이 좀 걸렸어. 왕과 관리들이 노력하면서 백성들도 차

차 유교를 받아들이게 되었지. 나라에서는 신하와 백성이 지켜야 할 도리와 해야 할 역할을 삼강오륜으로 정리해 따르게 했어. 삼강은 신하는 왕을, 아들은 아버지를, 아내는 남편을 섬겨야 한다는 것이고, 오륜은 사람이 지켜야 할 다섯 가지 윤리를 말해. 부모와 자식 사이에는 친함이, 왕과 신하 사이에는 의로움이, 남편과 아내 사이에는 구별이, 어른과 아이 사이에는 차례가, 벗 사이에는 믿음이 있어야 한다는 거야.

이런 유교 윤리와 예법을 퍼뜨리기 위해 《소학》, 《삼강행실도》 같은 것을 가르쳤어. 그러면서 백성들은 일상생활에서 삼강오륜을 중요하게 생각하게 되었지. 나라에 충성하고, 부모와 웃어른을 공경하고, 남녀 간에 차별이 있다는 것을 당연하게 여기게 된 거야. 혼례든 장례든 제사든 집안 행사도 유교의 예법에 따라 치렀어. 유교적인 풍

부모가 죽으면 3년 동안 자식이 산소 옆에 움막을 짓고 살며 산소를 돌보고 공양을 드리는 것을 시묘살이라고 해.

양반들의 제사상
양반들은 유교 예법에 따라 조상에게 제사를 지냈다.

습이 백성들 생활 곳곳으로 스며든 거야.

　조선은 유학 중에서도 성리학을 받아들였지? 성리학이 발달하면서 가장 달라진 것은 무엇일까? 여자들의 삶이야. 조선 전기까지만 해도 여성들은 고려 시대와 비슷한 지위와 권리를 누렸어. 아들과 딸이 똑같이 재산을 상속받았고, 제사도 아들과 딸이 돌아가며 지냈어. 여자들은 결혼한 뒤에도 오랫동안 남편과 함께 친정에서 살았고.

　하지만 유교적인 사회 질서가 굳어지면서 여자의 지위가 낮아졌어. 딸이라고 재산을 적게 받거나 아예 받지 못하는 경우도 많았어. 주로 제사 지내는 아들이 재산을 물려받았지. 특히 양반 여자는 유교식 예절을 철저히 지키며 양반 여성으로서 품위를 지켜야 했어. 결혼을 하면 시집살이를 하며 집안 살림을 도맡아 하고, 유교 예법에 맞게 아이들을 가르쳐야 했어. 남편이 일찍 죽어도 다시 결혼하기 힘들었어. 글공부를 할 수는 있었지만 관리가 될 수는 없었지. 어떤 면에서는 상민 여자보다 훨씬 구속당하는 생활을 해야 했어.

조선 시대부터 이어진 유교적인 풍습은 지금도 곳곳에 남아 있어. 많이 변하긴 했지만 말이야. 주변에서 한번 찾아봐.

《경국대전》에 나타난 조선 사람들 생활상

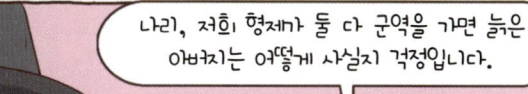

조선 시대 양반과 백성의 생활 문화

양반과 백성은 그 신분의 차이만큼 사는 곳, 먹는 것, 입는 옷, 하는 일, 쓰는 물건, 놀이 등 거의 모든 것이 달랐다. 양반의 사랑방과 백성의 단칸방을 들여다보면서 서로 어떻게 달랐는지 살펴보자.

양반 사랑방에는~

양반은 넓은 기와집에서 안채, 사랑채, 행랑채 등으로 공간을 나누어 생활했다. 양반들은 사랑방에서 공부를 하고 글을 쓰고 손님을 맞이했다. 사랑방 책상 위에는 종이, 붓, 먹, 벼루 같은 문방사우가 놓여 있고, 벽에는 그림과 글씨가 걸려 있다. 사방탁자 위에는 수수한 멋을 내는 백자들도 놓여 있다.

백자
양반들은 아무 무늬가 없는 수수한 순백자 등의 도자기를 즐겨 사용했다.

수묵화
양반들은 공부를 하고 마음을 닦으며 그림을 그리고 글씨를 썼다. 당시의 인기 있는 그림은 색을 쓰지 않고 먹으로만 그리는 수묵화, 자연의 산과 물을 그린 산수화 등이었다.

바둑판
양반들은 시간이 나면 사랑채에서 바둑이나 장기를 두기도 하고, 밖에서 활쏘기를 즐겼다.

책상과 문방사우
늘 책상 위에 종이, 붓, 먹, 벼루 등을 두고 글을 쓰거나 그림을 그렸다.

백성들 단칸방에는~

백성은 초가집 방 한두 칸에 가족이 모여 사는 경우가 많았다.

남자는 낮에는 농사일을 하고 밤이나 겨울에는 짚으로 필요한 물건을 만들었다.

여자도 농사일을 돕거나 집안일을 하며 하루 종일 쉬지 않고 일했다.

시간이 나면 씨름이나 윷놀이, 고누 같은 놀이를 즐겼다.

여자들은
낮에는 농사일을 돕고 밤에는 바느질을 하거나 물레를 돌리며 실을 뽑거나 베로 옷감을 짰다.

삿갓
비나 햇빛을 피하기 위해 머리에 썼던 쓰개이다.

도롱이
어깨에 걸쳐 두르는 비옷으로 짚이나 띠 같은 것으로 엮어 만들었다. 비오는 날 밖에서 일할 때 입었다.

남자들은
겨울이면 주로 집 안에서 짚으로 짚신이나 바구니 같은 물건을 만들었다.

4장 일본과 청나라의 침입을 이겨 내다

1592년 일본이 조선에 쳐들어와 임진왜란이 일어났다. 일본은 한 달도 안 돼 한양을 차지하였고, 선조는 의주까지 피란을 가야 했다. 그러나 조선은 이순신의 지휘 아래 대부분의 해전에서 이겼고, 의병의 활약과 명나라의 지원으로 일본의 기세를 눌렀다. 1593년 조선을 뺀 채 명나라와 일본이 평화 협상을 벌였지만 이루어지지 않았다. 1597년 일본이 다시 쳐들어와 정유재란이 일어났고, 도요토미 히데요시가 죽으면서 전쟁은 끝이 났다.

왜란의 결과 조선은 많은 사람이 죽고, 토지가 황폐화되는 등 큰 피해를 입었다. 일본은 조선에서 성리학자, 도자기공 등을 포로로 잡아가 문화적으로 발전하였다. 중국에서는 명나라가 약해지고, 강해진 여진족이 후금을 세웠다. 광해군은 명나라와 후금 사이에서 중립 외교 정책을 펴 나라의 안전을 지켰다. 그러나 인조가 명나라를 섬기고 후금을 얕잡아 보면서 전쟁이 일어났다. 조선과 후금은 정묘호란 때는 형제의 관계를 맺고, 병자호란 때는 삼전도에서 굴욕적인 항복 의식을 치르고 군신 관계를 맺었다. 효종이 복수하려고 북벌 운동을 추진하였으나 실현하지는 못하였다.

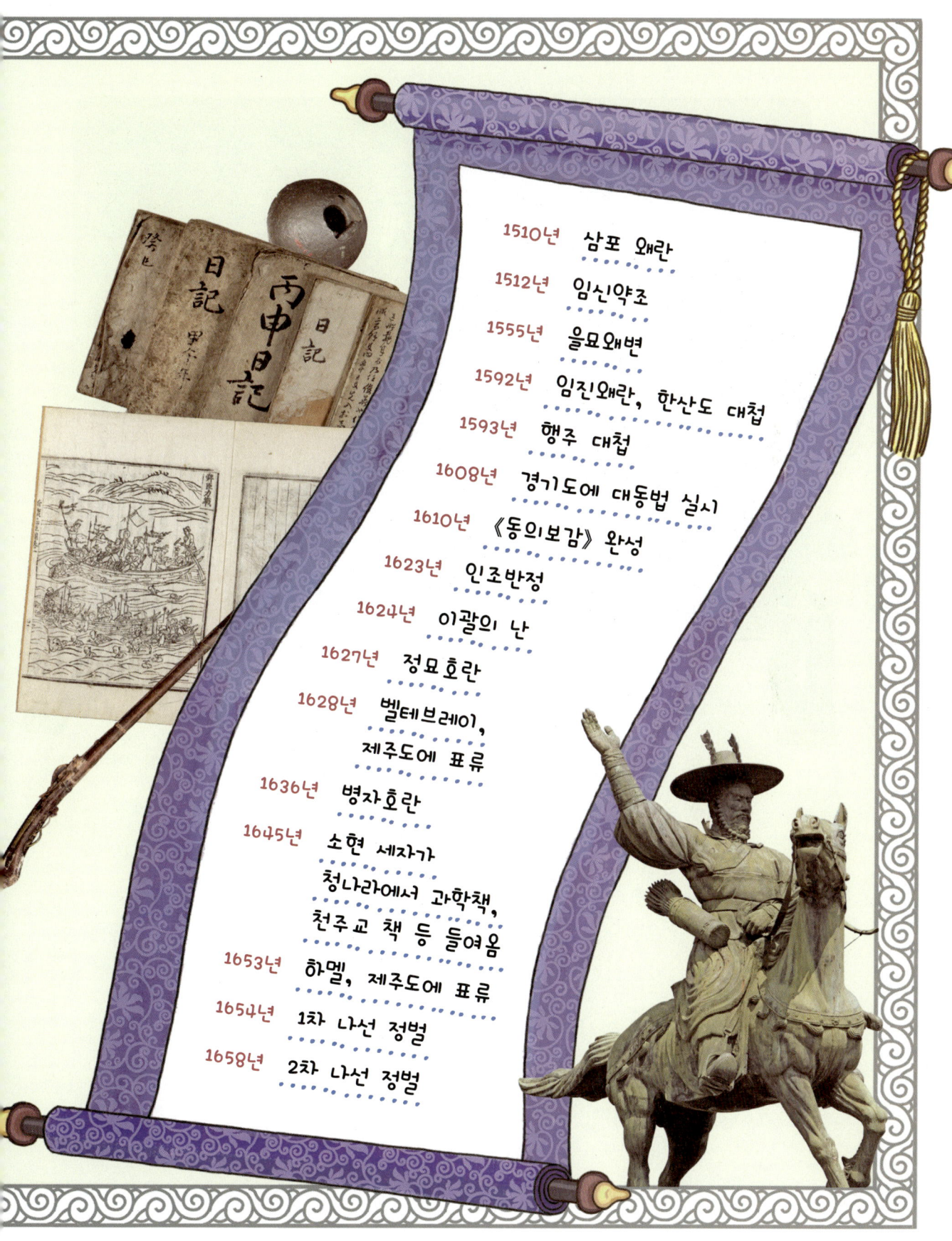

- 1510년 삼포 왜란
- 1512년 임신약조
- 1555년 을묘왜변
- 1592년 임진왜란, 한산도 대첩
- 1593년 행주 대첩
- 1608년 경기도에 대동법 실시
- 1610년 《동의보감》 완성
- 1623년 인조반정
- 1624년 이괄의 난
- 1627년 정묘호란
- 1628년 벨테브레이, 제주도에 표류
- 1636년 병자호란
- 1645년 소현 세자가 청나라에서 과학책, 천주교 책 등 들여옴
- 1653년 하멜, 제주도에 표류
- 1654년 1차 나선 정벌
- 1658년 2차 나선 정벌

1. 왜군의 침입에 맞서 싸우다

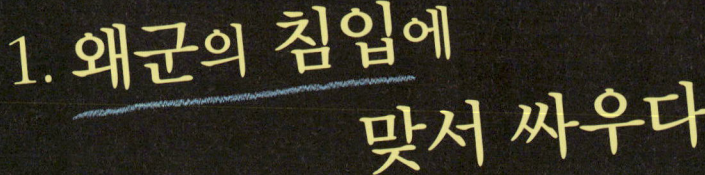

- 일본은 왜 임진왜란을 일으켰을까?
- 이순신은 어떻게 계속 승리할 수 있었을까?
- 의병들의 활약은?
- 일본은 왜 또 정유재란을 일으켰을까?
- 조선과 일본의 7년 전쟁의 결과는?

일본, 크고 작은 말썽을 일으키다

1592년에 일본이 조선에 쳐들어왔어. 임진왜란이 일어난 거야. 전쟁이 일어나기 전, 조선과 일본의 관계는 어땠을까? 1419년 세종 때 이종무가 쓰시마 섬을 정벌한 건 알지? 그 뒤 두 나라는 한동안 교역하지 않았는데, 쓰시마 섬 도주가 교역하게 해 달라고 사정했어. 그래서 조선은 부산포, 제포(진해), 염포(울산) 세 곳을 열어 일본인들이 와서 교역할 수 있게 했어. 또 이곳에 왜관을 두어서 일본인들이 머물 수 있게 했어. 60명에 한해서 말이야. 더 많은 항구를 열거나 왜관에서 더 많은 사람들을 머물게 하면 질서가 깨질까 봐 수를 제한한 거야. 그렇다고 아예 교역을 허락하지 않으면 왜구가 말썽을 부릴 테니까 몇 곳 열어 주고 평화로운 무역을 하게 한 거지.

그런데 1510년에 일이 생겼어. 삼포(부산포, 제포, 염포)에 사는 일본인들이 처음에 허락한 수보다 점점 늘어났고, 그러면서 여러 가지 말썽을 일으켰거든. 조선은 이를 엄하게 처리했고, 이에 불만을 가진 일본인들이 삼포에서 난을 일으킨 거야. 일본인들은 조선 관리와 백성들을 죽이고 닥치는 대로 빼앗아 갔어. 결국 조선은 아예 일본인들을 내쫓고 교류도 끊어 버렸지.

그때까지만 해도 아쉬운 건 일본이었어. 조선이 문을 닫으니 식량이나 생활필수품을 구하기 힘들었거든. 일본은 다시 무역할 수 있게 해 달라고 간청했어. 다시는 말썽부리지 않겠다

왜관은 일본 사람들이 조선에 와서 교역할 수 있도록 설치한 곳이야.

〈초량 왜관의 전경〉
1783년에 변박이 그린 초량 왜관의 전경이다. 부산 초량 왜관에는 조선인 관리뿐 아니라 일본에서 파견된 500~600명의 일본인이 살았고, 연간 50여 척의 무역선이 드나들었다.

왜구의 잦은 침입에도 조선은 뚜렷한 대책을 세우지 못했어.

면서 말이야. 그래서 조선은 1512년에 일본과 '임신약조'라는 조약을 맺었어. 임신약조에서 중요한 내용은 제포 한 곳만 문을 열고, 무역선 수와 쌀 수출량을 줄인다는 거였어. 무역량이 줄어드니 왜구가 다시 조선 해안가에 쳐들어와 말썽을 부렸고, 결국 제포도 닫아 버리고 말았지.

조선 정부의 무역 통제에 불만을 갖고 있던 일본은 1555년에 을묘왜변을 일으켰어. 더 좋은 무기와 배를 가지고 전라도 남해안으로 쳐들어와 우리 백성들을 죽이고 약탈해 갔지. 이때 일본은 포르투갈이나 에스파냐 같은 나라에서 무기와 배 만드는 기술을 배워 군사력이 무척이나 강했어. 맞서 싸우기 힘들었던 조선은 무역선 수를 늘려 주면서 일본을 달랠 수밖에 없었지. 그 뒤에도 일본은 해안가 쪽으로 쳐들어와 사람들을 죽이고 물건을 마구 빼앗아 갔지만 조선은 뚜렷한 대책을 세우지 못했어. 당시 조선은 문정 왕후와 윤원형이 권력을 쥐고 흔들었을 때야. 그러니 백성들은 안팎으로 시달리며 힘겨운 나날을 보낼 수밖에 없었지.

왜군이 쳐들어오다

16세기 말 일본에서는 무슨 일이 벌어지고 있었을까? 무슨 일이 있었기에 임진왜란이라는 큰 전쟁을 일으킨 걸까? 큰 변화가 있긴 있었어. 일본이 120년에 걸친 전국 시대를 끝내고 하나의 나라로 통일되었거든. 일본 전국 시대는 15세기 말부터 16세기 말까지 경제력과 군사력을 가진 영웅들이 전국 곳곳을 차지하고 서로 힘을 겨루며 다투던

〈통신사 행렬도〉
1636년 제4차 통신사 일행이 에도 성(지금의 도쿄)에 들어가는 모습을 그린 그림이다. 조선은 통신사로 관리와 그 수행원, 의원, 화원, 인쇄공, 악공 등 500여 명을 보냈다. 당시 수행한 화원 김명국이 그린 것으로 추정된다.

시대를 말해. 1580년대 말, 도요토미 히데요시가 이 세력들을 누르고 나라를 통일한 거야.

일본의 통일은 조선에 위협으로 다가왔어. 조선 왕한테 일본으로 오라고 한다는 둥, 명나라를 치겠다는 둥, 조선을 치겠다는 둥 갖가지 소문이 돌아 조선을 혼란스럽게 했어.

마침내 1590년, 선조가 일본에 통신사를 보냈어. 통신사는 조선이 일본에 보낸 공식적인 외교 사절이야. 선조는 통신정사로 황윤길, 부사로 김성일을 보내 일본 상황을 알아보게 했어. 그런데 돌아온 두 사람은 서로 다른 의견을 내놓았어. 황윤길은 일본이 전쟁 준비를 하고 있어 조선에 쳐들어올 수 있다고 했고, 김성일은 전쟁 준비는커녕 도요토미 히데요시가 조선에 쳐들어올 만큼 배짱 있는 사람이 아니라고 한 거야. 황윤길이 속한 서인은 전쟁 준비를 해야 한다고 주장하고, 김성일이 속한 동인은 전쟁 준비를 할 필요가 없다고 주장했어.

두 파로 나뉘어 다퉜지만, 당시 주도권을 잡고 있던 동인의 의견에 따라 전쟁 준비까지 할 필요는 없다는 결론을 내렸어. 전쟁이 일어난다는 확신도 없는데 전쟁 준비를 했다가는 괜히 민심만 소란스러워질 뿐이라는 거였지. 조선은 왜 이렇게 군사력을 키우는 것에 소홀했을까? 조선은 200여 년 동안 큰 전쟁 없이 지냈어. 때문에 진짜로 전쟁이 일어나지는 않을 거라고 생각한 거야. 결국 조선은 아무런 준비도 하지 못한 채 전쟁을 치르게 되었지.

그러면 일본은 왜 조선에 쳐들어온 걸까? 그건 일본 내부에 문제가 있었기 때문이야. 도요토미 히데요시가 일본을 통일하긴 했지만 전국의 봉건 세력들을 완전히 끌어들인 건 아니었어. 각 지방 영주들의 힘이 여전히 셌고, 군사로 활동했던 무사 사무라이들도 불만이 많았어. 또 오랫동안 국내 전쟁이 진행되었기 때문에 백성들은 살기 힘들고, 나라는 혼란스러웠어. 도요토미 히데요시는 이런 혼란을 벗어나고 정권을 강화할 수 있는 길을 찾았지. 그 길이 바로 전쟁이었어. 다른 나라와 전쟁을 하게 되면 안에서는 적이었던 세력들도 하나로 뭉칠 거고, 그들이 가지고 있는 군사력도 약해질 테니 말이야. 또 조선의 재물을 빼앗아 사무라이들한테 나눠 주면 불만이 없어지고, 백성들의 관심도 자연스럽게 밖으로 쏠릴 거라고 생각한 거야. 그러면서 도요토미 히데요시가 전쟁을 일으키는 구실로 내세운 것이 뭔지 아니? 명나라를 치러 갈 테니 조선에게 길을 빌려 달라는 거였어. 그야말로 말도 안 되는 이유였지. 어쨌든 전쟁은 현실이 되었어.

1592년 4월, 일본이 군사 20만여 명을 이끌고

도요토미 히데요시
일본의 정치가로 일본을 통일했으며, 1592년 임진왜란을 일으켰다.

도요토미 히데요시는 나라 안의 문제들을 해결하려고 임진왜란을 일으킨 거야.

쳐들어왔어. 서양에서 들여온 조총으로 무장하고 말이야. 일본은 조선에 쳐들어오기 전부터 첩자들을 보내 군사 기밀을 빼 가면서 철저히 전쟁 준비를 했어. 조선은 설마 하고 있다가 크게 당하게 된 거지.

일본의 조선 침략은 어떻게 진행되었을까? 처음에 고니시 유키나가가 이끄는 왜군 선발대가 부산진성으로 쳐들어왔어. 이에 맞서 부산진 첨사 정발이 힘껏 싸웠지만 지고 말았어. 왜군은 동래성까지 밀고 들어왔어. 동래 부사 송상현이 군사와 백성들을 지휘하며 목숨 걸고 싸웠지만 성을 빼앗기고 말았지. 이어 왜군은 길을 나누어 북쪽으로 올라왔어. 선조는 이일을 경상도 순변사로 상주에, 신립을 삼도 순변사로 충주에 보냈어. 이일과 신립은 상황을 알아보기도 전에 왜군을 맞아 싸워야 했어. 하지만 제대로 싸워 보지도 못하고 지고 말았어. 충주 탄금대에서 왜군과 싸우다 진 신립은 스스로 목숨을 끊고 말았지.

순변사는 당시 상황을 알아보기 위해 왕이 보낸 특사를 말해.

이 소식을 들은 선조는 신하들과 함께 피란길에 올랐어. 왕이 한양을 떠나자 화가 난 백성들은 경복궁과 관청에 들어가 재물을 훔치고 불을 질렀어. 그야말로 한양은 아수라장이었어. 왜군은 단숨에 북쪽으로 올라와 5월 3일에 한양을 차지했어. 일본은 선조의 항복을 받고 명나라를 치러 가는 걸 도우라고 요청할 생각이었지. 하지만 텅 빈 한양에 협상할 사람은 없었어. 결국 왜군은 선조를 뒤쫓아 북으로 올라가 6월에는 평양을 차지하고, 함경도까지 쳐들어왔어. 그사이 선조는 의주까지 피란을 가야 했어. 아무런 대책도 세우지 못하고 말이야. 선조는 막다른 골목에 이르자 명나라에 도움을 요청했어.

〈부산진 순절도〉
임진왜란 때 부산진에서 이틀 동안 벌어진 왜군과의 전투 장면을 그린 그림이다.

1592년, 일본 군이 부산진성과 동래성에 쳐들어오면서 임진왜란이 시작되었어.

〈동래부 순절도〉
임진왜란이 일어나고
두 번째 싸움인 동래부
전투를 그린 그림이다.
1760년에 조선 후기 화가
변박이 그렸다.

이순신, 바다에서 하는 싸움마다 이기다

〈이순신 영정〉
충무공 이순신은 임진왜란 때 한산도 대첩을 비롯한 수많은 해전에서 일본군을 무찌른 위대한 장군이다. 저서에 《난중일기》가 있다.

왜군은 부산으로 쳐들어온 지 3개월도 안 되어 함경도 회령까지 쳐들어왔어. 이처럼 조선이 육지에서 하는 싸움마다 지고 있을 때 바다에서는 전혀 다른 싸움이 벌어지고 있었어. 전라 좌수사 이순신이 수군을 지휘하며 왜군을 무찌르고 있었던 거야. 이순신은 1591년 전라 좌수사가 되면서, 왜군이 쳐들어올 것에 대비해 여러 가지 준비를 해 놓았어. 무기와 군사 시설을 고치고 배를 만들고, 군사를 훈련시키면서 군사력을 키웠어.

이순신이 왜군과 처음 벌인 싸움은 1592년 5월 7일에 있었던 옥포 해전이었어. 이순신은 옥포 앞바다에서 왜군 배 30여 척을 둘러싸고 총통과 화살을 퍼부었어. 왜군의 저항도 만만치 않았지만 조선이 크게 승리했어. 조선은 별 피해가 없었는데, 왜군의 배는 26척이나 부서졌으니까. 조선 수군은 왜군의 무기, 쌀 같은 것을 빼앗고, 포로로 잡힌 백성들도 구출했어.

다음 날 이순신은 적진포에서 왜군 배 10여 척을 무찔렀고, 5월 29일에 벌어진 사천 해전에서는 거북선을 앞세워 왜군의 기를 죽였어. 거북선 용머리에서 연기를 내뿜고 사방에서 화포

거북선

임진왜란 때 이순신이 만들어 왜군을 무찌르는 데 크게 이바지한 거북 모양의 배이다. 등에는 쇠송곳을 꽂고 앞머리와 옆구리에는 현자총통, 지자총통 등의 화포를 설치하였다. 거북선은 적에게 병사들이 노출되지 않은 상태에서 적을 공격할 수 있다는 장점이 있다. 이 거북선은 《이충무공전서》에 나와 있는 전라 좌수영 거북선을 재현한 모형이다.

〈거북선 그림〉
충무공 종가에 전해 내려오는 거북선 그림. 머리와 꼬리가 표범 모양인 것이 이채롭다.

거북선은 가장 앞에서 공격하는 돌격선 역할을 했다고 해.

를 쏘고, 이어 판옥선이 화포와 화살을 연달아 쏘아 댔지. 왜군은 어찌할 바를 모르며 도망가기에 바빴어. 이순신은 이 사천 해전에서 어깨에 총을 맞았지만, 왜군을 크게 무찔렀어. 그 뒤 당포에서 20여 척, 당항포에서도 수십 척을 무찔렀어.

조선 수군의 사기는 하늘을 찌를 듯했고, 왜군은 기가 죽어 갔어. 왜군이 바닷길을 통해 육지에 있는 군사들한테 무기와 식량을 보내고 군사들도 보충해 주어야 했는데, 이순신이 바다에서 발목을 잡고 있었으니, 왜군은 타격을 받을 수밖에 없었지.

이순신이 왜군에게 가장 크게 이긴 싸움은? 1592년 7월 8일에 있었던 한산도 대첩이야. 이 싸움에서 이순신은 그 유명한 학익진 전술을 썼어. 이순신 함대는 학의 날개 모양으로 커다란 원을 그리면서 전투 대형을 짜 왜군 함대를 둘러싸고 양쪽 날개를 오므리면서 총포를 쏘아 댔어. 그러면서 쇠송곳으로 무장한 거북선이 총포를 쏘며 왜군의 병선으로 돌격해 들어간 거야. 왜군 병선은 수없이 부서졌고, 73척 가운데 66척이 가라앉았지. 반면 조선 배는 1척도 망가지지 않았으니, 엄청난 승리였지. 세계적으로도 보기 드문 전략을 쓴 큰 승리였어. 이 한산도 대첩은 진주 대첩, 행주 대첩과 더불어 임진왜란의 3대 대첩에 속해. 이순신은 뒤이은 부산포 해전에서도 이겼어.

학의 날개 모양으로 펼치는 학익진은 적을 둘러싸고 공격하기에 좋았어!

1593년에는 다시 부산과 웅천에서 왜군을 물리쳤어. 남해안 일대에 있는 왜군을 완전히 몰아내고 바다를 차지했지. 그 뒤 이순신은 최초로 삼도 수군통제사가 되었어. 삼도 수군통제사는 경상, 전라, 충청, 세 도의 수군을 이끄는 직책이야. 이로써 조선은 전라도와 서

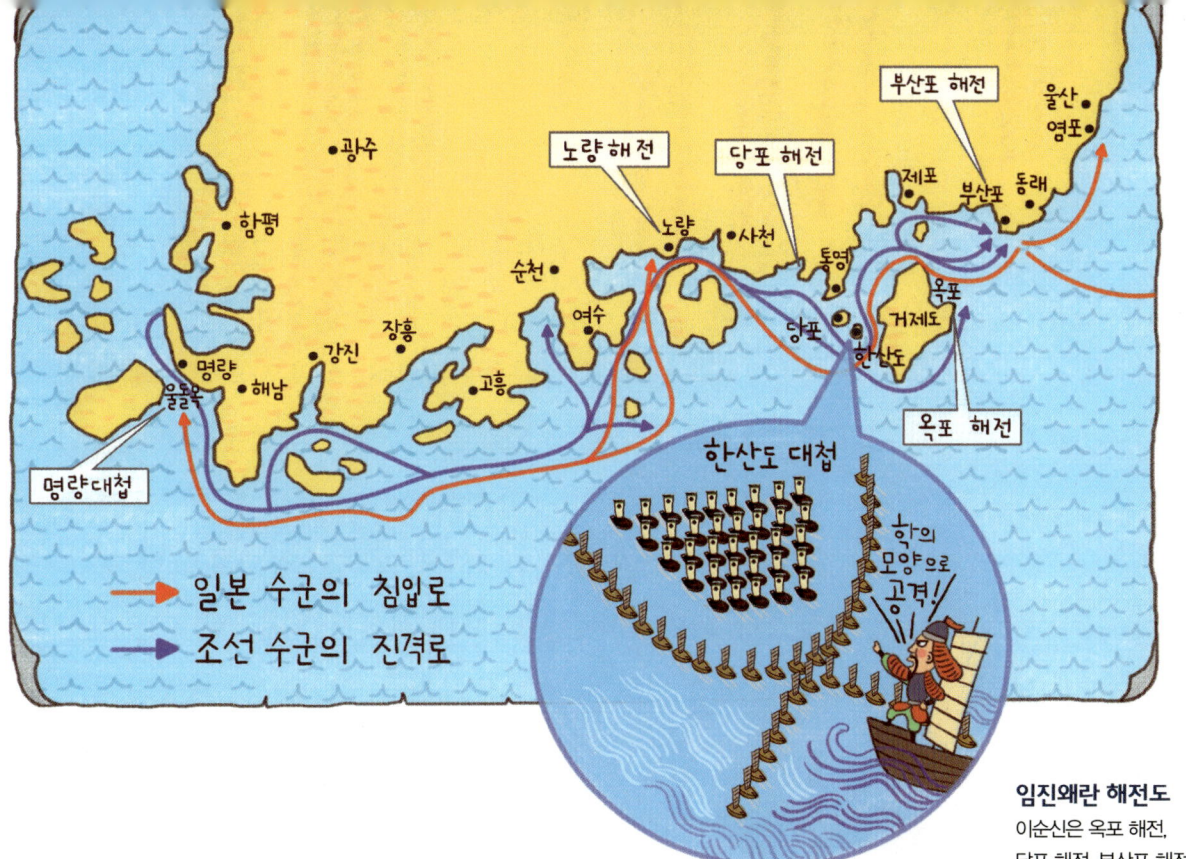

임진왜란 해전도
이순신은 옥포 해전, 당포 해전, 부산포 해전, 한산도 대첩, 명량 대첩, 노량 대첩 등 여러 해전에서 잇달아 승리를 거두었다.

해안을 지킬 수 있었고, 왜군은 식량과 무기, 군사들을 육지로 보낼 수 없었어. 이순신의 승리는 단지 왜군을 물리쳤다는 것에만 의미가 있는 것이 아니라, 조선 전 군사들과 백성들한테 용기와 자신감, 희망을 주었다는 것에 더 큰 의미가 있었지.

　이순신은 어떻게 해서 이렇게 수많은 병선과 왜군을 물리칠 수 있었을까? 아무래도 이순신의 지도력과 훌륭한 전략, 전술을 꼽을 수 있겠지. 앞날을 내다보며 미리 전쟁 준비를 한 것도 큰 힘이 되었고. 거북선과 판옥선은 물론이고, 비격진천뢰, 천자총통, 지자총통 같은 무기들도 이기는 데 한몫했어. 또 바다 사정을 잘 아는 사람들을 수군으로 뽑은 것도 큰 도움이 되었지. 바다와 지형을 잘 알았기 때문에 이길 수 있는 전략을 짤 수 있었던 거야.

의병들이 왜군과의 싸움에 앞장서다

이순신이 바다에서 왜군을 물리치는 동안 육지에서도 곳곳에서 의병이 일어나 왜군과 싸웠어. 의병은 외적이 쳐들어와 나라가 위태로워졌을 때 스스로 일어나 외적과 싸운 사람들을 말해. 내 마을은 내가 지킨다는 생각으로 말이야.

뜻있는 선비와 전직 관리, 승려가 의병장이 되어 농민과 노비, 승려 들을 이끌었어. 의병의 수는 왜군보다 적었지만 왜군한테 큰 피해를 입혔어. 어떻게 그럴 수 있었을까? 의병은 각 고을의 지리를 잘 알잖아. 그래서 그 지형에 알맞은 전술과 전략을 짤 수 있었던 거야. 의병들은 몰래 숨어 있다가 갑자기 왜군을 치기도 하고, 속임수를 써서 왜군을 끌어들여 공격하기도 했어.

의병이 처음 일어난 곳은? 경상도 의령. 의병장은 홍의 장군 곽재우. 붉은 옷을 입고 의병을 지휘한다고 해서 홍의 장군이라고 부른 거야. 1592년 4월, 곽재우는 자기 재산을 털어 의병을 모아 왜군과 싸웠어. 곽

곽재우 장군 동상
곽재우는 임진왜란 때 의병장으로, 홍의 장군이라 불리며 많은 공을 세웠다. 대구시 망우당 공원에 세워져 있다.

재우는 의령을 비롯해 현풍, 창녕, 영산, 진주까지 그 힘을 떨쳤어. 처음에 이끈 의병은 수십 명에 지나지 않았는데, 왜군과 싸워 연달아 이기면서 2000여 명에 이르렀어. 이들은 왜군이 전라도로 들어가는 것을 막았고, 왜군 수송선을 공격해 식량과 무기를 대지 못하게 했어.

이 밖에 고경명, 김천일, 정인홍, 김덕령, 조헌 같은 사람들이 의병을 일으켜 싸웠어. 승려들의 활약도 컸어. 서산 대사 휴정은 전국에 있는 절에 격문을 돌려 모두 일어나 왜군에 맞서 싸우자고 격려했어. 이에 따라 영규 대사, 사명 대사 같은 많은 승려들이 승려들로 이루어진 군대인 승군을 이끌었어. 영규 대사는 의병장 조헌과 함께 청주성을 되찾기 위해 금산에서 싸우다가 죽고 말았어. 사명 대사 유정은 평양과 한양을 되찾는 싸움에 나가 왜군을 물리쳤어. 유정은 임진왜란이 끝난 뒤 일본에 사신으로 가서 포로로 끌려간 백성들을 데려오기도 했지.

격문은 급히 사람들에게 알리는 글을 말해.

의병들은 관군과 힘을 합쳐 싸우기도 했어. 대표적인 싸움이 진주 대첩이야. 1592년 10월, 왜군이 진주성으로 쳐들어왔어. 왜군이 바다에서 이순신과 싸울 때마다 패하자, 바다를 통해 전라도로 가는 것을 포기하고 육지로 가기 위해서 진주성을 공격한 거야. 진주 목사 김시민이 지휘하는 관군과 곽재우, 최경희 등이 이끄는 의병들이 왜군에 맞서 성 안팎에서 매섭게 싸웠어. 왜군은 이들의 기세에 눌려 물러났지. 이 싸움이 진주 대첩이야. 진주 대첩의 승리로 조선은 진주성을 지켜 내고 왜군이 전라도로 들어가는 것을 막을 수 있었

관군과 의병의 활동

어. 덕분에 조선은 곡식이 많이 나는 전라도를 바탕으로 일본을 칠 준비를 할 수 있었지.

명나라 군과 함께 왜군을 물리치다

의주까지 피란 간 선조와 대신들이 한 일이 무엇이었지? 그래, 명나라에 도움을 요청한 것이었어. 명나라 구원병은 1592년 7월에야 왔어. 명나라 장수 조승훈이 3000명을 이끌고 와 평양성을 되찾으려고 싸웠지만 지고 말았어. 이어 12월에 명나라 장수 이여송이 구원병 4만여 명을 이끌고 왔어. 이들은 조선의 관군, 의병들과 힘을 합쳐 평양성을 빼앗았어. 그러고는 그 힘을 몰아 한양 근처까지 왔어. 그런데 벽제관(지금의 경기도 고양에 있던 객사)에 숨어 기다리고 있던 왜군이 덮쳤어. 이 싸움에서 진 이여송은 개성으로 물러났다가 다시 평양으로 후퇴했어. 그러기를 몇 차례 했지만 한양으로 내려오지는 못했어. 그러자 이여송은 평양으로 돌아가 더 이상 싸울 생각을 하지 않았지.

이 무렵 일본은 어떻게 하고 있었을까? 권율이 한양을 되찾으려 한다는 정보를 듣고, 권율이 진을 치고 있던 행주산성을 공격했어. 권율은 군사와 백성, 의병 들을 이끌며 왜군에 맞서 싸웠어. 이 싸움에서는 화차, 비격진천뢰, 총통 같은 새로운 무기들을 이용해 왜군의 기세를 꺾고, 뜨거운 물에 돌멩이까지 이용해 싸웠어. 이렇게 온갖 방법으로 싸워 왜군 1만여 명을 물리칠 수 있었어. 이 싸움이 바로 행주 대첩이야.

〈행주 대첩 기록화〉
임진왜란 3대 대첩의 하나인 행주 대첩의 모습을 기록한 그림이다.

　행주 대첩에서 크게 진 왜군은 더 이상 싸우려고 하지 않았어. 아예 한양에서 철수하면서 휴전하자고 제안했어. 그러면서 1593년 6월, 진주성을 다시 공격했어. 왜군은 앞선 싸움들에서 진 것에 대해 화풀이라도 하듯 수많은 군사를 동원해 맹렬히 공격해 왔지. 이 2차 진주성 싸움에서도 관군과 의병이 힘을 합쳐 왜군과 싸웠지만 지고 말았어.

　하지만 왜군에 맞서 끝까지 싸운 진주 백성들의 정신은 아직도 빛나고 있어. 논개라고 들어 본 적 있지? 승리에 도취한 일본 장수를 껴안고 진주성 앞 남강에 뛰어든 기생 말이야. 지금도 진주에서는 논개의 의로움을 기리고 있어.

어쨌든 싸움은 시들해지고 명나라와 일본은 조선을 뺀 채 마음대로 협상에 들어갔어. 왜군이 남해안 일대로 물러나 성을 쌓은 뒤 진을 치고 명나라와 협상을 벌인 거야. 하지만 서로가 무리한 요구를 했기 때문에 협상이 이루어지기는 힘들었어.

일본은 명나라 공주를 일본 왕의 후궁으로 보낼 것, 조선 8도 가운데 4도를 일본한테 넘길 것, 조선 왕자와 대신을 인질로 보낼 것 등을 요구했어. 명나라는 일본한테 이제 그만 항복하고 조선에서 물러나라고 요구했지. 명은 일본의 요구 조건이 터무니없다고 생각했고, 일본도 명나라의 요구 조건이 마음에 들지 않았어. 서로 받아들일 수 없는 조건이었던 거야. 3년을 끌었지만 결국 협상은 이루어지지 않았어.

임진왜란의 3대 대첩은 한산도 대첩, 진주 대첩, 행주 대첩이야.

진주성 촉석루
왜군은 진주성을 차지한 뒤 촉석루에서 잔치를 벌였다. 이 잔치에 끌려 들어간 논개가 왜군 장수를 안고 남강으로 뛰어들었다고 한다.

**평화 협상이 깨지고
다시 전쟁이 일어나다**

그러자 1597년 1월, 일본이 다시 전쟁을 일으켰어. 정유재란이 일어난 거야. 이번에는 조선도 어이없이 당하지만은 않았어. 명나라와 일본이 협상을 벌이는 동안 조선도 전쟁 준비를 했거든. 전쟁이 다시 일어나자 명나라도 즉시 구원병을 보냈어. 경상도를 중심으로 밀고 당기는 싸움이 되풀이되었어. 일본은 더 이상 조선을 치고 올라올 수가 없었지.

바다에서도 이순신이 다시 삼도 수군통제사가 되어 왜군과 싸울 준비를 했어. 이순신은 이미 삼도 수군통제사 아니었냐고? 그랬지. 전라 좌수사에서 삼도 수군통제사로 승진했었지. 그런데 그사이 이순신이 선조의 노여움을 사 백의종군하고 있었거든. 백의종군(白衣從軍)은 한자 풀이를 해 보면 흰 옷을 입고 군대를 따른다는 뜻이야. 이순신이 아무 벼슬 없이 싸움에 참여하고 있었던 거지. 삼도 수군통제사는 원균이 맡고 있었고 말이야.

12척의 배로 130척이 넘는 배를 물리쳤다니, 정말 대단하지!

그런데 원균이 왜군을 맞아 칠천량에서 싸웠는데 크게 지고 말았어. 수많은 군사들이 죽고 배들도 거의 부서졌어. 이 싸움에서 이겨 남해를 차지한 왜군은 전라도 남원에 이어 전주까지 차지했어. 조선은 또다시 위태로워졌고, 선조는 다시 이순신을 삼도 수군통제사로 삼았어.

9월 16일, 왜군이 배 130여 척을 이끌고 쳐들어왔어. 이순신한테는 배가 12척밖에 없었으니 질 수밖에 없는 싸움이었지. 하지만 이순신은 왜군 배를 1척 남기지 않고 무찔렀어. 이 싸움이 바로 명량

대첩이야. 명량 대첩은 세계 해전에서도 기적적인 승리로 평가받고 있어.

일본은 바다와 육지에서 크게 지면서 쫓겨 가기 시작했어. 이때 마침 도요토미 히데요시가 죽었어. 도요토미 히데요시는 죽으면서 조선에 있는 군사들을 철수시키라는 말을 남겼어. 왜군은 물러가기 시작했지. 이때 이순신은 도망치는 왜군을 뒤쫓아 갔어. 우리 땅을 짓밟은 왜군을 순순히 보낼 수는 없었던 거야. 이순신은 노량에서 왜군을 크게 무찔렀지. 하지만 안타깝게도 이순신이 왜군의 총에 맞아 세상을 떠나고 말았어. 이순신의 죽음과 더불어 일본과의 7년에 걸친 전쟁도 끝났어.

《난중일기》는 2013년 유네스코 세계 기록 유산으로 등재되었어.

《난중일기》
이순신이 임진왜란이 일어나기 시작한 때부터 세상을 떠나기 전까지 7년에 걸쳐 쓴 일기이다. 이순신과 임진왜란을 연구하는 데 많은 도움을 주고 있다.

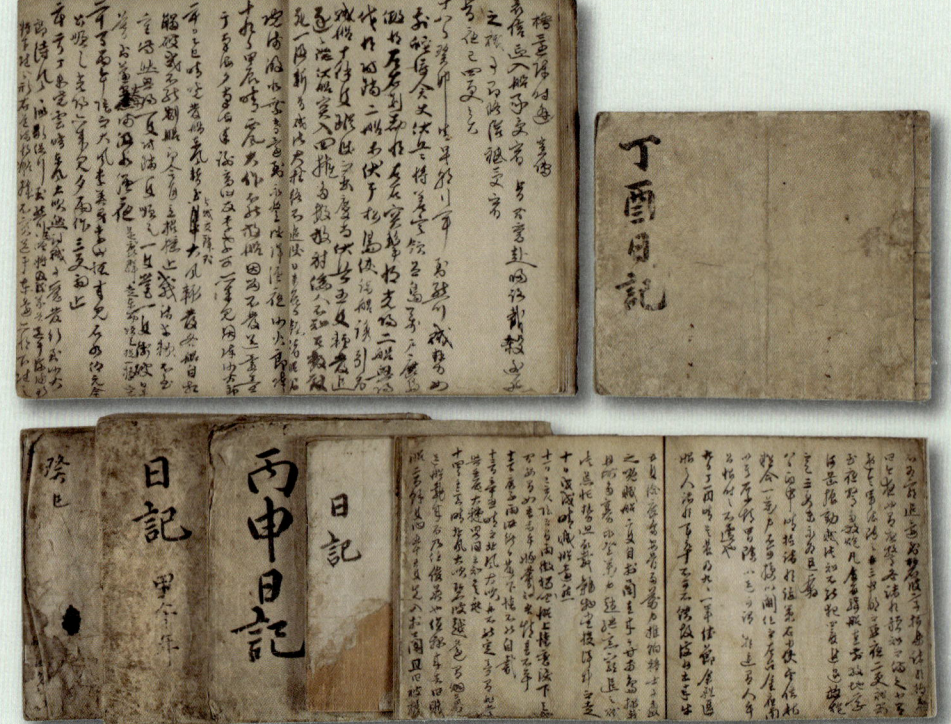

7년 전쟁으로 세 나라가 상처를 입다

전쟁은 끝났지만 그 상처는 너무나 깊었어. 특히 조선이 가장 큰 피해를 입었어. 일본 땅도 중국 땅도 아닌 우리 땅에서 전쟁을 치렀으니까. 전국적으로 땅이 황폐해져 농사지을 수 있는 땅이 3분의 1로 줄어들었어. 인구도 크게 줄었어. 제대로 농사짓지 못한 데다 흉년까지 들어 백성들은 굶어 죽어 갔고, 질병까지 돌아 백성들 생활은 말할 수 없이 비참했어. 삶의 터전을 잃고 여기저기 떠돌아다니는 농민도 많았어. 호적과 토지 대장이 불에 타 세금을 걷기 힘들어졌고, 노비 문서들도 불타 노비들을 찾기 어려워졌어. 나라의 곳간은 텅 비고 말았지.

그러자 나라에서는 부족한 재정을 보충하고 세금을 걷기 위해서

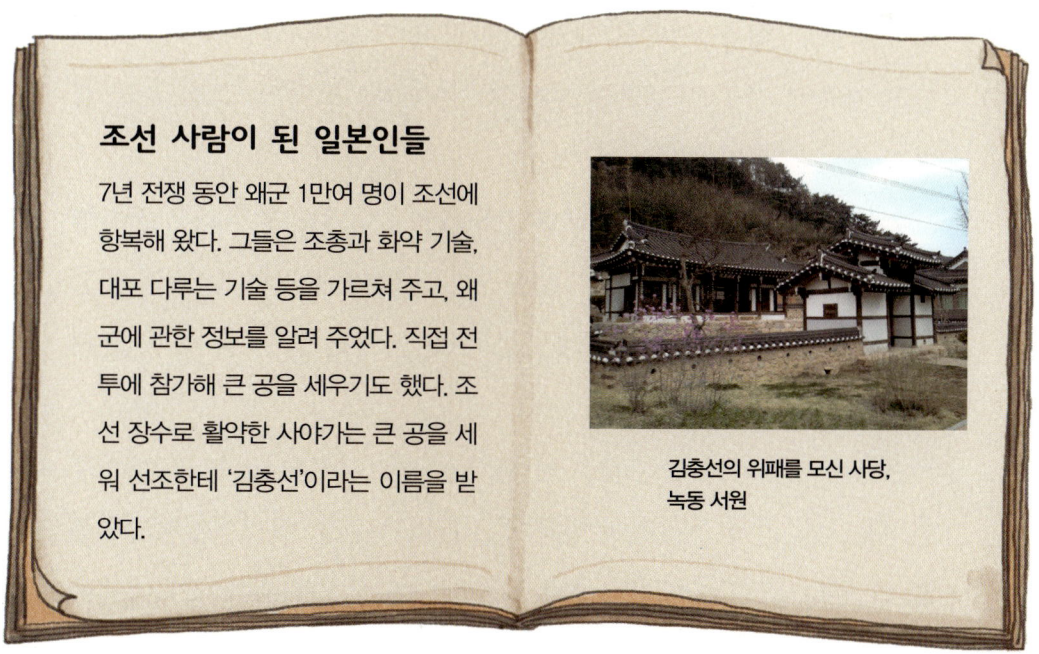

조선 사람이 된 일본인들

7년 전쟁 동안 왜군 1만여 명이 조선에 항복해 왔다. 그들은 조총과 화약 기술, 대포 다루는 기술 등을 가르쳐 주고, 왜군에 관한 정보를 알려 주었다. 직접 전투에 참가해 큰 공을 세우기도 했다. 조선 장수로 활약한 사야가는 큰 공을 세워 선조한테 '김충선'이라는 이름을 받았다.

김충선의 위패를 모신 사당, 녹동 서원

〈동래부사접왜사도〉
동래부에 도착한 일본 사신을 맞이하는 행사를 그린 그림이다.
임진왜란 이후 일본 사신은 한양에 가서 왕을 만나지 못하였고, 사신 접대는 초량 왜관에서 이루어졌다.

납속책이라는 제도를 실시했어. 납속책은 나라에 곡식이나 돈을 바치면 신분을 올려 주거나 군역을 면제해 주는 제도였어. 양반들에게 관직을 주기도 했지. 그러면서 자연스럽게 신분제가 흔들리기 시작했어.

또 수많은 문화재가 불에 타고 부서졌어. 궁궐은 말할 것도 없고, 불국사 같은 절들, 실록을 보관한 사고 등이 불에 타 버렸어. 4곳의 사고 가운데 전주 사고만이 남았지. 활자, 책, 도자기, 그림 들도 불에 타거나 일본이 빼앗아 갔어.

오랜 전쟁을 겪으면서 발달한 것도 있어. 무기를 발명하고 군사력을 강화한 거야. 비격진천뢰 같은 무기가 이때 만들어졌어. 또 중앙에는 훈련도감, 지방에는 속오군을 두어 군사들을 훈련시키며 군사력을 길렀지.

전쟁은 명나라와 일본에도 큰 영향을 주었어. 명나라는 조선에 구원병을 보내면서 군사력이 약해지고 나라 살림도 어려워졌어. 이 틈을 타 만주에 있는 여진족이 강해졌어. 1616년 누르하치가 여진족을 통일하고 후금을 세웠지. 1618년에는 명나라와 전쟁을 벌여 명나라를 흔들어 놓았어. 후금은 결국 1644년, 명나라를 멸망시키고 중국 대륙을 차지했어. 임진왜란은 명나라가 멸망하는 원인 가운데 하나가 되었던 거야.

일본은 전쟁을 질질 끌었지만 조선의 항복을 받지도 못했고, 영토를 얻지도 못했어. 하지만 조선에서 수많은 문화재를 빼앗아 가고, 성리학자와 기술자 들을 포로로 잡아가면서 문화가 크게 발전했어. 조선의 학자에게 성리학

비격진천뢰
선조 때 이장손이 만든 폭탄으로, 임진왜란 때 여러 전투에서 큰 역할을 한 무기이다.

일본 도자기를 발전시킨 조선의 도공들

임진왜란 때 일본에 끌려가 일본 도자기 기술을 크게 발전시킨 도공으로 이삼평과 심당길을 들 수 있다. 이삼평은 아리타에서 백자의 원료가 되는 흙을 발견해 도자기를 만들었다. 지금도 일본인들은 아리타에 이삼평 기념비와 신사를 만들어 이삼평을 기리고 있다.

이삼평 기념비

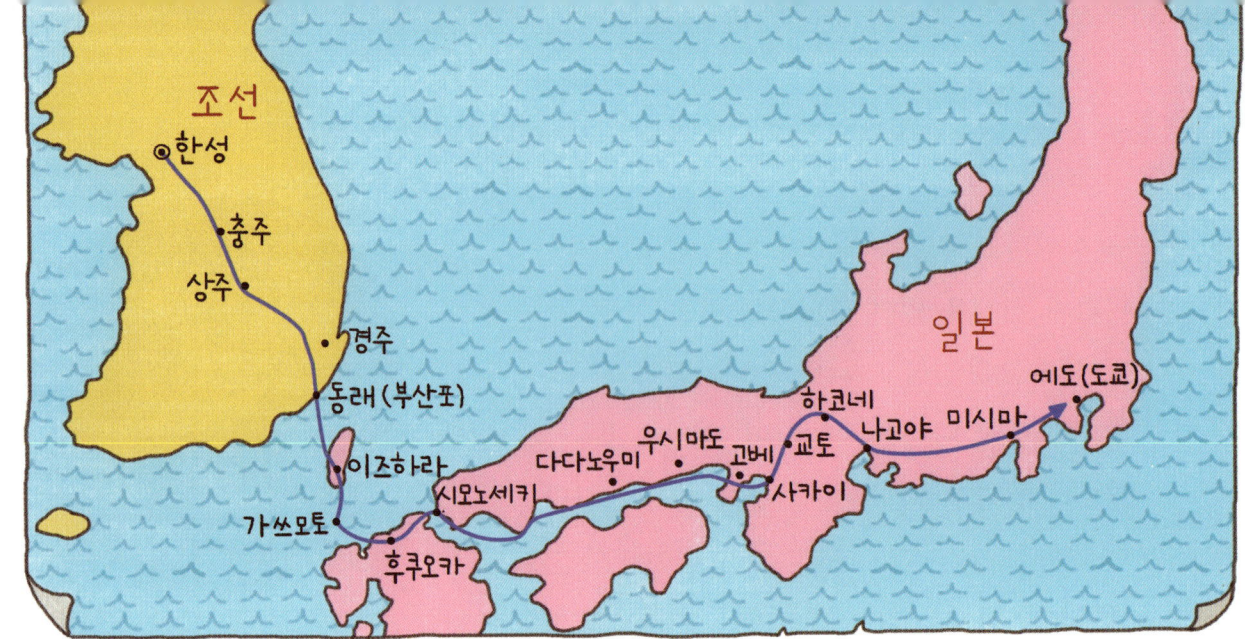

조선 통신사의 행로
조선 통신사가 한양(한성)을 출발해 일본 에도까지 가는 길을 나타낸 것이다. 조선은 통신사를 통해 일본에 선진 학문과 기술을 전해 주었다.

통신사가 일본에 다녀오는 데는 6개월에서 1년이 걸렸지.

을 배우고, 도자기공에게 도자기 만드는 기술을, 활자 인쇄공에게 활자 기술을 배운 덕분이지. 포로 가운데 어떤 사람들은 유럽에 노예로 팔려 가기도 했어. 포르투갈 상인들이 일본에 들락거리면서 데려간 거야. 도요토미 히데요시가 죽은 뒤에는 도쿠가와 이에야스가 정권을 잡았어.

전쟁이 끝난 뒤 조선은 일본과 어떻게 지냈을까? 몇 년 동안은 서로 교류하지 않았어. 그런데 일본이 다시 통신사를 보내 달라고 요청해 왔어. 이에 조선은 사명 대사 유정을 일본에 보냈고, 유정은 포로로 잡혀간 백성들을 데려왔어. 그러면서 1607년(선조 40), 일본과 다시 교류하기 시작했지. 그 뒤부터 조선은 일본에 정기적으로 통신사를 보내 학문과 기술, 문화를 전해 주었어. 조선과 일본은 19세기 중반까지는 평화적으로 지냈지.

구원병 파견에 힘쓴 명나라 관리 석성

2. 광해군, 왜란이 끝난 뒤 조선을 되살리다

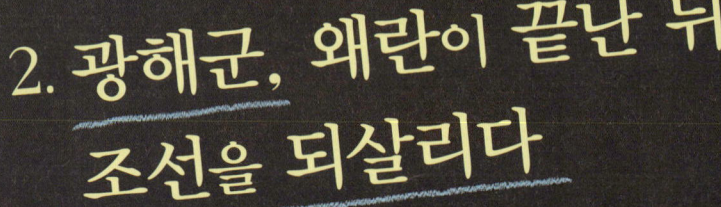

- 광해군이 조선을 되살리기 위해 한 일들은?
- 광해군이 펼친 중립 외교란?
- 인조반정이란?

**광해군, 왕이 되어
나라를 안정시키다**

전쟁으로 폐허가 된 나라를 되살려 놓기도 전인 1608년 2월, 선조가 세상을 떠났어. 뒤를 이어 광해군이 왕이 되었지. 광해군이 세자가 된 건 언제일까? 1592년이야. 임진왜란이 일어나 나라가 위태로웠기 때문에 서둘러 세자를 정한 거야. 광해군은 직접 군사들을 이끌며 앞장서서 왜군과 싸웠어. 세자라는 신분에 상관없이 군사들과 함께 먹고 자며 전쟁터를 누비고 다녔지. 이런 세자의 모습을 보고 많은 사람들이 의병으로 모여들었어. 백성들은 한양을 버리고 피란 간 선조는 원망했지만, 광해군은 믿고 따랐어.

광해군은 선조의 후궁 공빈 김씨가 낳은 서자였어. 서자는 원래 왕이 될 수 없다는 거 알지? 전쟁이 끝난 뒤 선조는 두 번째 왕비인 인목 왕후가 낳은 영창 대군을 세자 자리에 앉히려고 했어. 하지만 뜻을 이루지 못하고 세상을 떠났고, 광해군이 왕이 된 거야. 앞에서 동인이 북인과 남인으로 갈라졌다는 이야기를 했지? 북인은 또 선조 때 세자를 정하는 문제를 두고, 영창 대군을 지지하는 소북파와 광해군을 지지하는 대북파로 나누어졌어. 광해군이 왕이 되면서 대북파가 권력을 갖게 되었지.

왕이 된 광해군은 이원익, 이항복, 이덕형 같은 지혜롭고 일 잘하는 사람들을 뽑아 전쟁으로 엉망이 된 나라를 바로 세우기 위해 힘

대동법 시행 기념비
1659년 영의정 김육이 대동법 시행의 성과를 기념하기 위해 세운 비석이다. 경기도 평택에 있다.

219

썼어. 먼저 백성들의 생활을 안정시키기 위해 여러 가지 일을 했어. 1608년에는 선혜청을 두고 경기도에 대동법을 실시했어. 대동법은 공물로 받던 특산물 대신 쌀을 걷어 백성들 부담을 덜어 준 제도야. 대동법을 실시하면서 토지 1결당 쌀 16말을 거두었지.

대동법은 땅이 많은 양반들은 싫어했지만 백성들한테는 환영을 받았어. 이 법이 실시되면서 땅이 없는 사람은 세금을 내지 않게 되었고, 공물을 내느라 허리가 휘던 백성들은 허리를 좀 펴게 되었거든. 공물은 당시 백성들한테 가장 피해를 준 세금이었어. 백성들은 공물로 바치는 특산물을 방납업자한테 대신 내게 하고, 그 비용을 물어 줬어. 백성들이 직접 노루 가죽 같은 공물을 바치면 품질을 트집 잡아 퇴짜를 놓는 경우가 많았기 때문이야. 백성들은 할 수 없이 세력 있고 관리들과 통하는 방납업자를 통해 공물을 냈던 거야. 이때 방납업자가 관리들과 짜고 싸게 살 수 있는 공물도 비싸게 값을 매겨 많은 이익을 챙겼어. 백성들은 정해진 세금만 내도 힘이 드는데, 그 몇 배를 내야 하니 얼마나 힘들었겠어. 대동법이 실시되면서 백성들은 큰 짐을 덜 수 있었지. 대동법은 처음에는 경기도만 실시했고, 전국적으로 실시하게 되기까지는 100년이라는 세월이 걸렸어. 땅 가진 지주들 반발이 심했기 때문에 대동법 실시 지역을 조금씩 넓혀 간 거야.

대동법은 특산물 대신 쌀을 걷어 백성들의 부담을 덜어 준 제도야!

또한 인구를 조사해 호적을 정리하고, 전국 토지를 조사해 토지 대장을 다시 만들었어. 전쟁 때 불타 버린 호적과 토지 대장을 새로 만들어 세금을 제대로 거두면서 나라의 살림이 불어났어. 무기를 점검하고 군사들을 훈련시키기도 했어. 조선은 점차 안정을 찾아 갔지.

한편으로는 궁궐을 다시 짓고 무너진 성곽을 수리했어. 백성들은 궁궐 지으랴 먹고 살랴 고달픈 생활을 해야 했지만, 궁궐들이 불타 버려 왕이 살 곳도 나랏일을 할 곳도 마땅치 않았으니 어쩔 수 없었어. 새 궁궐이 지어지면서 왕실 생활이 안정되고 왕실의 권위가 살아났어. 하지만 궁궐 공사가 무리하게 진행되면서 백성들의 불만도 커

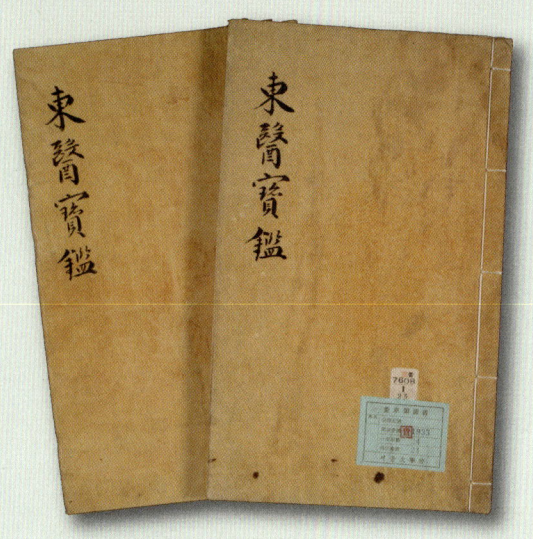

《동의보감》
1610년 허준이 쓴 의학 서적으로, 동아시아 의학을 집대성한 것으로 평가받는다. 내과에 관계되는 내경 편 4권, 외과에 관한 외형 편 4권, 잡병 편 11권, 탕액 편 3권, 침구 편 1권, 목차 편 2권의 25권으로 되어 있다. 2009년 세계 기록 유산으로 등재되었다.

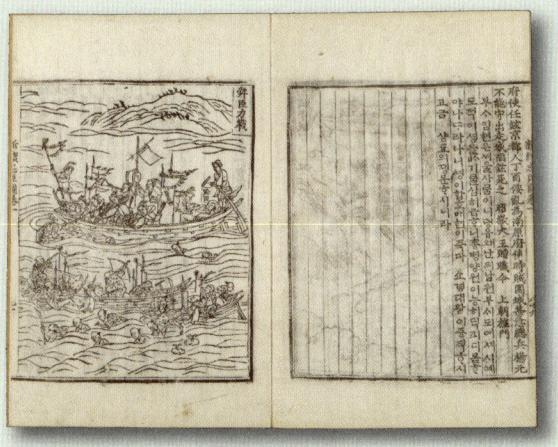

《동국신속삼강행실도》
《동국신속삼강행실도》에 실려 있는 순신역전. 이순신의 업적을 글과 그림으로 보여 주며 충신의 모범으로 삼고 있다.

졌어. 이는 나중에 인조반정이 일어나는 구실 가운데 하나가 되었지.

광해군은 책을 펴내는 데도 관심을 기울였어. 전쟁을 겪으며 엉망이 되어 버린 백성들 마음을 바로잡고 어수선한 사회 분위기를 진정시키기 위해서 말이야. 불타 버린 《신증동국여지승람》, 《용비어천가》 같은 책을 다시 내고, 《동국신속삼강행실도》를 펴냈어. 《동국신속삼강행실도》는 충신, 효자, 열녀같이 모범이 되는 사람들 이야기에 그림을 넣어 만든 책이야. 유교의 가르침을 일깨워 주는 책이지.

의학 분야에서 길이 빛날 책도 이때 나왔어. 허준의 《동의보감》 말이야. 《동의보감》은 선조의 명으로 만들기 시작해서 광해군 때 완성되었어. 많은 백성이 전쟁과 전염병, 갖가지 질병으로 괴로움을 당하

허균과 《홍길동전》

허균(1569년~1618년)은 과거에 두 번이나 합격할 정도로 똑똑하고 시와 글을 잘 지었다. 1594년(선조 27)에 문과에 급제하면서 여러 관직을 거쳐 1610년(광해군 2)에는 사신을 따라 베이징에 갔다가 천주교 관련 책들을 가지고 왔다. 허균은 유교뿐만 아니라 불교, 도교 등 다방면에 관심이 많았으며, 중국 소설들을 수없이 읽기도 했다. 허균이 한글로 쓴 《홍길동전》은 중국 소설의 영향을 받은 것으로 보인다. 《홍길동전》에는 적자와 서자의 신분 차별을 없애고, 부패한 정치를 개혁해야 한다는 허균의 혁명 사상이 잘 나타나 있다. 당시 사회 문제를 비판했던 허균은 광해군 때 좌참찬을 지내다가 반역죄로 몰려 죽임을 당하였다.

며 죽어 가는 현실을 안타깝게 여겨 만들게 된 거야. 허준은 병을 쉽게 치료할 수 있는 방법을 연구하고, 산과 들에서 찾기 쉬운 약재를 조사했어. 또한 중국과 우리나라의 의학 관련 책들을 연구해 필요한 내용들을 정리했어. 이런 연구와 조사를 바탕으로 나온 책이 《동의보감》이야. 《동의보감》의 내용은 오늘날까지도 도움을 주고 있어. 코피가 날 때, 체했을 때 같은 경우에 집에서 쉽게 치료할 수 있는 처방이 들어 있거든. 그리고 허균이 쓴 《홍길동전》도

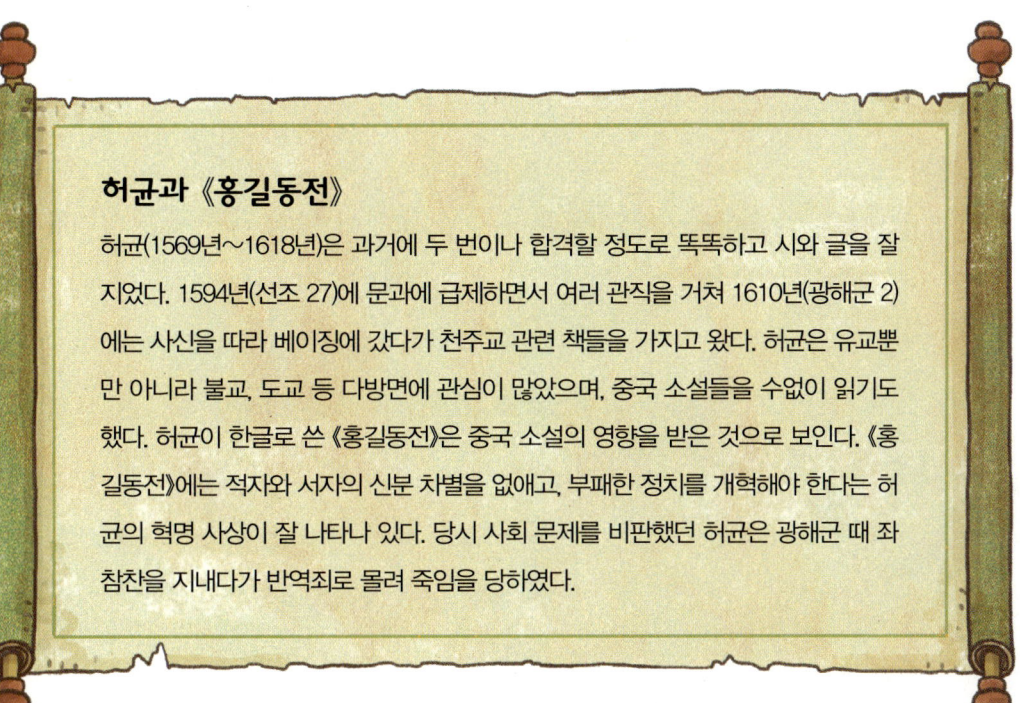

허준 동상
조선 중기의 의학자인 허준은 선조와 광해군 때 어의를 지냈으며, 의학 백과사전인 《동의보감》을 펴냈다.

이때 나왔어. 《홍길동전》은 우리나라 최초의 한글 소설이야.

누르하치
중국 후금을 세운 초대 황제이다. 여진족을 통합하고 만주 문자를 제정하여 청나라 발전의 기틀을 다졌다.

명나라, 청나라 사이에서 현명한 외교를 펼치다

조선이 열심히 전쟁 뒤처리를 하고 있을 때 중국에서는 무슨 일이 일어나고 있었을까? 명나라가 임진왜란 때 조선에 구원병을 보내면서 약해진 틈을 타서 여진족이 다시 일어섰어. 결국 1616년 8월, 누르하치가 흩어져 있던 여진족을 모아 후금을 세우고 명나라를 위협하기 시작했어.

1618년에는 후금이 명나라로 쳐들어갔어. 그러자 명나라는 조선에 구원병을 보내 달라고 요청했어. 광해군은 구원병을 보내야 할지 말아야 할지 고민했어. 임진왜란 때 명나라 도움을 받아 그 요구를 거절하기도 어려웠지만, 그렇다고 명나라를 적극적으로 돕는 것도 부담스러웠어. 후금이 새로운 강국으로 떠오르고 있었기 때문에 후금을 적으로 삼는 것은 조선에 이롭지 못하다고 생각한 거야. 명나라를 도왔다가 그 핑계로 후금이 쳐들어온다면 전쟁의 상처가 아물기도 전에 또 전쟁을 치르게 되어 이중, 삼중의 고통을 당할 것이 뻔했거든. 그래도 명나라와의 의리를 생각하면 구원병을 보내지 않을 수는 없었어. 그래서 광해군은 강홍립을 불러 군사 1만여 명을 주면서 상황을 잘 보고 명나라가 질 것 같으면 적당한 때에 후금에 항복하라고 했어. 그러는 한편 만일의 사태에 대비해 군사력을 키웠어.

1619년(광해군 11) 2월, 강홍립은 군사를 이끌고 압록강을 건너 명나라 군사와 합류했어. 그러고는 후금에 사람을 보내 명나라의 강요로 출전했을 뿐 후금과는 사이좋게 지내고 싶다는 뜻을 밝혔어. 이어 심하 싸움에서 명나라가 지니까, 강홍립은 싸우는 척하다가 후금

에 항복했어. 누르하치를 만나 후금과 싸우고 싶지 않다는 광해군의 뜻도 전했지. 후금도 이런 조선을 굳이 적으로 만들고 싶지는 않았어. 명나라와의 의리상 어쩔 수 없이 출전한 조선의 입장을 이해했고, 명나라를 치는 데에만 힘을 쏟고 싶었거든.

이처럼 광해군은 명나라와의 의리를 깨지 않으면서 후금을 적으로 만들지도 않았어. 이런 중립 외교 정책으로 조선은 전쟁에 휘말리지 않고 후금으로부터 나라를 지킬 수 있었지. 광해군이 명나라와 후금 사이에서 나라의 이익을 먼저 생각했기 때문에 이들 나라와 부딪치지 않고 나라를 안정시킬 수 있었던 거야.

강홍립은 광해군의 중립 외교 정책을 잘 실천했지.

광해군이 쫓겨나고 인조가 왕이 되다

광해군이 펼친 외교 정책에 대해서 무슨 생각이 드니? 의리를 생각해서 명나라를 더 적극적으로 도와야 했을까? 요즘은 일반적으로 광해군의 외교를 나라를 위한 현명한 정책이었다고 평가해. 하지만 당시 서인들은 광해군의 외교 정책을 비판했어. 조선을 도운 명나라를 배신했다고 말이야.

뿐만 아니라 광해군이 인륜을 저버렸다고 비판했어. 인륜을 저버렸다는 건 사람으로서 몹쓸 짓을 했다는 건데, 무슨 일이 있었던 걸까? 광해군과 대북 세력은 왕권을 안정시키기 위해 영창 대군을 죽이고, 영창 대군을 낳은 인목 대비를 대비 자리에서 쫓아내 서궁(덕수궁)에 가두었거든. 그리고 광해군이 왕이 된 것에 불만이 많았던 친형 임해군도 죽였어. 이런 사건만 놓고 보면 광해군이 비판을 받을 만해. 그런데 당시 상황으로 보면 꼭 그렇게 비판할 수만은 없어. 광해군은 서자인데 왕이 되었기 때문에 지지 기반이 약했거든. 영창 대군을 그대로 두면 언제든 반란이 일어날 수 있었고, 임해군도 언제든 반기를 들 수 있었지. 임해군이 형인데도 왕이 되지 못한 것은 왕으로서의 능력과 자질이 부족하고 성격도 난폭했기 때문이야. 그런데도 임해군은 왕이 되지 못한 불만을 떠들고 다녔어. 그러니 광해군과 대북파는 왕권을 안정시키기 위해 영창 대군과 임해군을 죽일 수밖에 없었던 거야. 대북파가 인목 대비도 죽여야 한다고 주장했지만, 광해군의 반대로 인목 대비는 목숨을 지킬 수 있었어.

　태종이나 세조도 더한 일을 벌이며 왕이 되었지만 광해군처럼 비판받지는 않았지. 광해군이 이렇게 비판을 받은 것은 왕의 자리에서

광해군은 정말 쫓겨날 만큼 몹쓸 짓을 한 걸까?

덕수궁 석어당
광해군에 의해 대비 자리에서 쫓겨난 인목 대비가 갇혀 있던 곳이다.

〈세검정도〉
세검정은 서울 북악산 시냇가에 자리한 정자이다. 인조반정 때 이귀, 김유 등이 광해군의 폐위를 의논하고 칼을 갈아 씻었던 자리라고 하여 '세검정'이란 이름이 붙었다는 설이 전해진다. 조선 후기 화가 유숙의 그림이다.

쫓겨났기 때문이야. 광해군을 쫓아내고 정권을 잡은 사람들이 광해군을 나쁜 왕으로 몰고 자신들을 합리화시킨 거지.

그럼 광해군을 쫓아낸 사람들은 누굴까? 이귀, 김유, 김자점, 이괄 같은 서인들이야. 서인들은 당시 정권을 잡고 있던 이이첨, 정인홍 같은 대북파와 이들의 지지로 왕이 된 광해군한테 불만이 많았거든. 이들은 광해군의 조카인 능양군을 왕으로 받들고 광해군을 몰아냈어. 광해군이 명나라에 대한 의리를 버리고, 영창 대군을 죽이고 인목 대비를 쫓아내 불효를 했다는 것을 문제 삼으면서 말이야. 1623년(광해군 15) 광해군을 몰아내고 인조를 왕위로 세운 이 사건을 인조반정이라고 해.

반정 하면 또 하나의 사건이 있었지? 그래 중종반정이야. 그런데 인조반정과 중종반정은 성격이 달라. 인조반정은 인조와 서인이 광해군과 대북파에 외교적, 정치적으로 맞서면서 일어난 사건이야. 인조와 서인은 외교적으로 명나라를 섬기는 사대주의를 고집하면서 중립 외교를 펼치는 광해군을 비판했어. 또한 정치적으로는 영창 대군을 지지하고 인목 대비를 따랐지. 이런 서인이 정권을 잡고 있던 대북 세력한테 밀리고 있었거든. 정치·외교적으로 광해군에 맞섰던 서인은 정권을 잡기 위해 광해군을 폭군으로 몰아 쫓아낸 거야. 이와 달리 중종반정은 정말로 폭군이었던 연산군을 쫓아내 조정을 바로잡은 사건이지.

　광해군은 어떻게 되었을까? 처음에는 강화도로 귀양 갔어. 그 뒤부터는 여기저기 옮겨졌고. 나중에는 제주도로 보내져 1641년, 67살에 세상을 떠났어. 그사이 광해군을 죽이려는 음모도 많았지만, 그때마다 돕는 사람들이 있어 광해군은 목숨을 유지할 수 있었어.

광해군 묘
경기도 남양주에 있는 광해군과 그 부인 문성군부인 유씨의 묘소.

조선 최고의 여류 시인, 허난설헌

3. 청나라에 지고, 북벌 정책을 펼치다

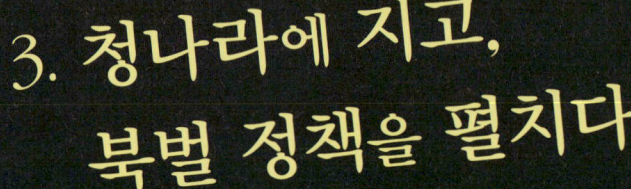

v 청나라는 왜 조선에 쳐들어왔을까?
v 병자호란 뒤 조선과 청나라의 관계는?
v 소현 세자는 왜 죽었을까?
v 효종이 북벌 정책을 펼친 결과는?

정묘호란으로 후금과 형제의 관계를 맺다

1623년 광해군을 몰아내고 왕이 된 인조는 광해군 때 정권을 독차지 했던 정인홍, 이이첨 같은 대북 세력을 죽이고 200여 명을 쫓아냈어. 함께 반정을 이끌었던 김유나 이귀 같은 사람들은 공신으로 대접하고, 인목 대비를 가두는 것을 반대해 귀양 가 있던 이원익을 영의정으로 삼았어.

광해군의 중립 외교를 비판했던 인조는 외교적으로는 무슨 정책을 폈을까? 짐작이 가지? 명나라를 섬기고 후금을 배척하는 친명배

〈항해조천도〉
인조의 책봉을 요청하기 위해 1624년에 명나라에 파견된 이덕형 일행의 사신 행차 길을 담은 그림이다.

금 정책을 실시했어. 인조와 서인 세력은 후금이 강해진 사실을 받아들이지 못하고, 예전의 여진족과 다름없는 오랑캐로 얕잡아 보았어. 명나라는 지는 해고, 후금은 뜨는 해라는 사실을 정확히 알고 외교 전략을 폈던 광해군과는 대조적이지. 그러자 후금이 조선을 경계하기 시작했어. 게다가 인조가 왕이 된 지 1년도 못 되어 이괄의 난이 일어나면서 나라는 몹시 혼란스러워졌어.

이 틈을 타 1627년 1월, 후금이 쳐들어왔어. 정묘호란이 일어난 거야. 누르하치의 뒤를 이은 홍타이지가 광해군이 쫓겨난 것을 문제 삼으며 쳐들어왔는데, 홍타이지가 쳐들어온 진짜 이유는 다른 데 있었어. 조선이 명나라 편으로 돌아서니까, 명나라와 싸우기 전에 조

인조의 친명배금 정책은 정묘호란을 불러왔지.

233

이괄의 난

1624년(인조 2) 2월 10일, 인조반정 때 공이 컸던 이괄이 1등이 아닌 2등 공신이 되자 불만을 품고 반란을 일으켰다. 이때 인조는 공주까지 피란을 가야 했고, 나라의 힘이 크게 약해졌다. 이괄의 난은 진압되었지만, 그 남은 무리가 후금으로 도망가 광해군이 폐위되었다는 것을 알렸다. 후금은 이를 구실로 정묘호란을 일으켰다.

선을 친 거야. 당시 조선은 요동을 되찾으려는 명나라 모문룡 군대를 평안도 철산 가도에 머물게 하면서 도와줬거든. 후금은 명나라를 치러 중국 본토로 쳐들어갔을 때 뒤에서 조선이 후금을 칠지도 모른다고 생각했어. 또 후금은 명나라와 싸우면서 물자 부족에 시달렸기 때문에 부족한 물자를 조선에서 채우려고 했지. 때마침 반란을 일으켰다가 후금으로 달아난 이괄의 무리가 광해군이 부당하게 쫓겨난 사실을 알렸어. 후금은 이런저런 이유를 뒤로 감추고 광해군을 쫓아낸 죄를 묻겠다며 쳐들어온 거야.

후금은 이미 항복한 강홍립 등을 길잡이로 삼아 압록강을 건너 의주로 쳐들어왔어. 의주 부윤 이완이 죽을힘을 다해 싸웠지만, 후금 군사들이 너무 많아 당해 낼 수가 없었어. 그러자 이완은 무기 창고에 불을 지르고 불에 뛰어들어 죽고 말았어. 의주를 차지한 후금의 주력 부대는 용천, 선천을 거쳐 안주성을 차지하고, 다시 평양을 거쳐 황주까지 쳐들어왔어. 조선은 크게 싸워 보지도 못하고 계속 밀렸고, 명나라 장수 모문룡도 후금한테 지고 신미도로 도망갔어. 그

전쟁이 일어나자마자 또 임금이 피란을 가다니, 백성들이 불쌍하지?

사이 인조는 강화도로 피란 가고 말았지.

후금은 황해도 평산에 머물며 사신을 보냈어. 후금은 사신을 통해 만주에 있는 조선 영토를 내놓을 것, 조선에 도망 와 있던 명나라 장수 모문룡을 잡아 보낼 것, 명나라를 치는 데 군사 3만 명을 보낼 것 등을 요구했어. 이에 조선 대신들은 후금과 화해하자는 주화파와 싸워야 한다는 척화파로 나뉘어 다퉜어. 하지만 후금에 맞서 싸울 만한 군사력도 없고 싸움에서 계속 밀리고 있는 상태에서 이런 논쟁을 한다는 것은 아무 의미가 없었어. 결국 후금과 화해할 길을 찾았지. 다행히 후금도 명나라와의 싸움에 집중해야 했기 때문에 조선과 계속 싸우는 것이 부담스러웠어. 결국 후금에 잡혀 있던 강홍립이 나서서 두 나라의 입장을 조절해 정묘조약을 맺게 되면서 싸움이 끝났어.

정묘조약에서 두 나라는 무슨 약속을 했을까? 조선이 후금과 형제의 관계를 맺고, 명나라와 후금 사이에서 중립을 지키겠다는 거였어. 조선은

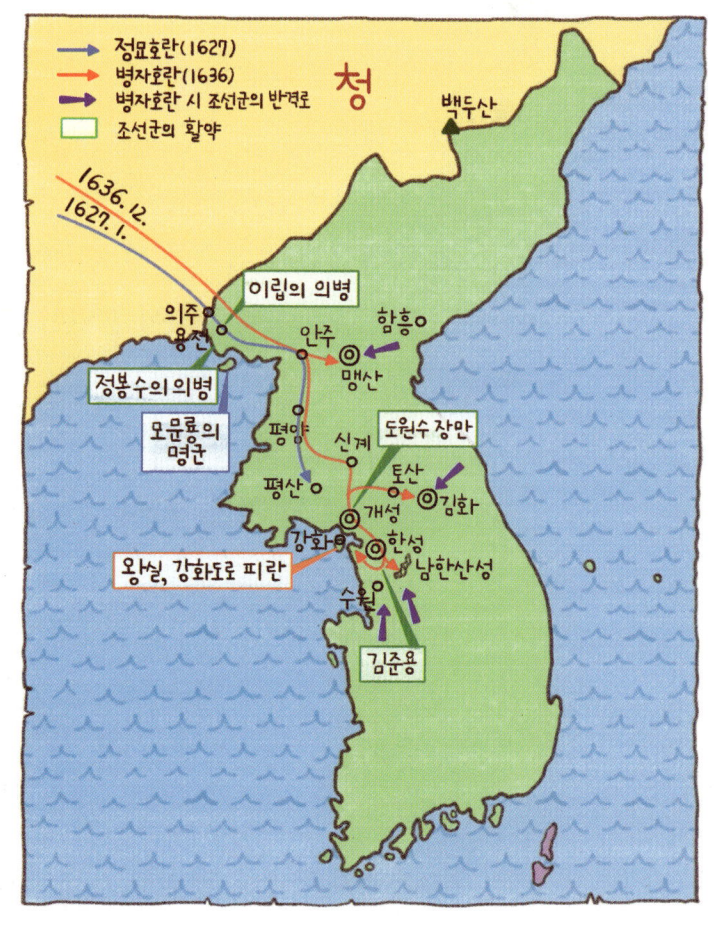

정묘호란과 병자호란
조선은 청나라와 두 차례의 전쟁에서 제대로 싸워 보지도 못하고 모두 패했다.

후금과의 평화에 힘썼던 강홍립의 마지막!

후금이 물러가자 척화파는 후금과 화해시키려고 한 강홍립을 후금의 군대를 끌어들인 앞잡이로 몰아 처형시키자고 주장했다. 광해군의 중립 외교 정책을 따라 후금과 평화적인 관계를 유지시켰던 강홍립은 척화파의 주장에 대한 분노로 스스로 목숨을 끊었다.

늘 여진족을 오랑캐라며 업신여겼는데, 후금과 형제가 되었으니 조선의 체면은 구겨지고 말았지. 게다가 후금이 수시로 물자를 요구해 와 경제적으로 너무나 부담스러웠어. 이에 조선은 더욱 후금을 배척하게 되었고, 후금은 이런 조선이 무척이나 못마땅했지. 두 나라의 관계는 더 나빠질 수밖에 없었어.

병자호란으로 후금을 임금으로 섬기게 되다

후금은 점점 더 강해졌어. 자신만만해진 후금은 조선에 식량과 병선, 구원병을 요구하기도 하고, 압록강을 건너와 약탈해 가면서 횡포를 부렸어. 후금의 위협은 날이 갈수록 심해졌어. 황금과 백금 1만 냥, 말 3000필을 바치고, 군사 3만 명을 보내라고 요구했어. 뿐만 아니라 정묘호란 뒤 맺은 형제 관계를 군신 관계로 바꾸자고 했어. 조선이 신하가 되어 후금을 임금으로 받들라는 거였지. 조선은 거절했고, 후금에 대한 반감은 커져만 갔어.

〈호병도〉
조선 후기 화가 김윤겸이 그린 청나라 병사들의 모습. 두 사람의 청나라 병사를 사실적으로 묘사하고 있다.

    그러자 1636년 12월, 나라 이름을 청으로 바꾼 후금이 다시 쳐들어왔어. 병자호란이 일어난 거야. 청나라는 10만 대군을 이끌고 압록강을 넘은 지 5일 만에 한양을 차지했어. 인조는 서둘러 강화도로 피

남한산성 수어장대
남한산성은 병자호란 때 인조와 신하들이 피신했던 곳으로, 수어장대는 군사들을 지휘하던 곳이다.

조선은 청나라와 제대로 싸우지도 못하고 굴욕적인 항복을 해야 했어.

란을 떠나려고 했어. 하지만 청나라 군사들이 강화도로 가는 길을 막아 버렸어. 인조는 할 수 없이 급하게 남한산성으로 몸을 피했어. 뒤쫓아 온 청나라 군사들은 남한산성을 완전히 둘러쌌어. 남한산성 안에는 군사 1만 2000여 명이 있었는데 식량은 50여 일분뿐이었어. 성에서는 김유가 군사들을 이끌고 싸웠지만 청나라한테 지기만 했어. 충청도 관찰사 정세규가 군사들을 이끌고 남한산성 근처까지 왔지만 청나라한테 지고 군사들은 뿔뿔이 흩어져 버렸어.

　추운 겨울, 남한산성은 고립되고 군사들 사기는 땅으로 떨어졌어. 성안에서는 최명길을 중심으로 화해를 하자는 주화파와 김상헌을 중심으로 계속 싸우자는 척화파가 다툼을 벌였어. 그사이 청나라가 강화도를 차지했다는 소식이 들려왔어. 게다가 남한산성의 군사력은 약해질 대로 약해지고 식량도 다 떨어져 가니 청나라와 싸우기는커녕 버티기도 어려웠어. 결국 주화파의 주장에 따라 항복하자는 쪽으로 결론을 내릴 수밖에 없었지.

조선은 항복 문서를 만들어 청나라에 보냈어. 그리고 협상을 벌인 결과, 명나라와 관계를 끊고 청나라와 군신 관계를 맺을 것, 청나라 연호를 사용할 것, 세자와 왕자, 대신의 자제를 인질로 보낼 것, 명나라를 정벌할 때 지원병을 보낼 것, 매년 공물을 보낼 것 등 청나라가 요구한 11개 조항을 받아들여야 했어.

청나라의 요구는 이것으로 끝나지 않았어. 인조한테 삼전도에 설치한 청나라 진영에 직접 와서 항복하라고 한 거야. 인조는 굴욕적인 항복 의식을 치러야 했어. 삼배구고두라고, 9층 단 위에 앉아 있는 청나라 태종 앞에 나가 절을 한 뒤 엎드린 채 머리를 땅에 조아리

삼전도비
병자호란 때 청나라에 진 뒤, 청나라 태종의 요구에 따라 세운 비석이다. 청나라 태종의 공덕과 조선이 청나라에 항복한 사실 등이 새겨져 있다.

기를 3번이나 하는 항복의 예를 올리고, 용서해 달라고 빌었어. 우쭐해진 청나라 태종은 비석을 세우라고 했어. 조선이 항복한 것을 기념하는 비석을 조선한테 세우라고 한 거야. 이 비석이 바로 삼전도비야.

청나라와 제대로 싸워 보지도 못하고 진 결과는 너무나 비참했어. 조선은 청나라를 임금으로 섬기며 매년 조공을 바쳐야 했고, 소현 세자와 둘째 왕자 봉림 대군, 청나라와 끝까지 싸우자고 주장했던 홍익한, 윤집, 오달제 등을 인질로 청나라에 보내야 했어. 뿐만 아니라 수많은 사람들이 포로로 끌려가 청나라 노예 시장에서 여기저기로 팔려 갔어. 포로들을 조선으로 데려오려면 가족들이 많은 돈을 줘야 했어. 그래서 빈털터리가 되는 집도 많았지. 겨우 돌아온 여자들은 조선에 돌아와서도 비난을 받으며 고통을 겪어야 했어. 돌아온 여성들을 환향녀라 했는데, 정절을 더럽혔다 해서 화냥년이라는 놀림을 받으며 고향이나 집에서 쫓겨나기도 했어. 역사상 여러 나라들과 전쟁을 벌였지만 이렇게 굴욕적인 항복은 없었지. 인조와 서인들이 펼친 외교 정책에 대해서는 무슨 생각이 드니? 당시 국제 정세에 대해 정확히 알지 못한 채 무조건 명나라는 섬기고 청나라는 무시했고, 또 청나라의 침입에 대한 철저한 준비 없이 자존심만 앞세웠잖아. 그 결과에서 얻을 수 있는 교훈은 무엇일까 생각해 보자.

인조, 소현 세자를 없애고 봉림 대군한테 왕의 자리를 물려주다

1649년, 인조가 세상을 떠나고 봉림 대군이 왕이 되었어. 이 왕이 17대 임금 효종이야. 그런데 왜 소현 세자가 왕이 되지 못하고 둘째인 봉림 대군이 왕이 된 것일까? 여기에는 안타까운 사연이 있어. 청나라에 인질로 잡혀간 소현 세자와 봉림 대군은 8년여를 청나라에서 지내면서 청나라에 대해 전혀 다른 입장을 갖게 되었어. 그에 따라 인조가 소현 세자를 없애고 봉림 대군에게 임금 자리를 물려준 거야. 도대체 두 왕자가 청나라를 바라보는 눈이 어떻게 달랐기에 아버지가 맏아들을 미워하고 작은 아들을 왕이 되게 한 것일까?

소현 세자는 심양에서 지내면서 청나라를 오랑캐라고 업신여길 것이 아니라 배울 것은 배워야 한다고 생각했어. 당시 청나라는 서양 문물을 받아들이며 크게 발전하고 있었거든. 소현 세자는 청나라에 들어온 서양의 과학 문명과 천주교, 서양 역법 같은 서양 문물을 보고, 서양 신부 아담 샬을 알게 되면서 새로운 눈을 뜨게 되었어. 그래서 소현 세자는 청나라 관리들과 친하게 지냈고, 청나라는 조선과 관련된 문제는 청나라를 원수로 여기는 인조보다는 소현 세자와 의논했어.

이와 달리 봉림 대군은 명나라가 망해 가는 과정을 보면서, 또 청

청나라에 대한 소현 세자와 봉림 대군의 입장은 어떻게 달랐을까?

아바마마, 제가 청나라에서 가져온 걸 보십시오.

나라 관리들한테 무시를 당하면서, 아버지 인조가 치욕스런 항복을 했던 모습을 되새기며 복수를 다짐했어. 이런 두 왕자의 모습은 역관이나 사은사를 통해 인조한테 그대로 전해졌어. 청나라한테 엄청난 수치를 당했던 인조는 소현 세자를 미워했지. 또한 소현 세자와 친한 청나라가 자기를 밀어내고 소현 세자를 임금으로 세울까 봐 겁이 났어.

그런 가운데 1644년(인조 22), 청나라가 명나라를 멸망시키고 중국 대륙을 차지하고 말았어. 그러면서 소현 세자를 조선으로 돌려보냈어. 소현 세자는 조선에 오면서 시계, 망원경, 책 같은 서양 물건들을 가지고 왔어. 소현 세자는 인조한테 물건들을 보여 주며 청나라처럼 서양 문물을 받아들여야 발전할 수 있다고 말했지. 인조는 소현 세자의 말을 다 들어 보기도 전에 옆에 있던 벼루를 던지며 쫓아냈어. 그 뒤 소현 세자는 병이 들어 치료를 받다 죽었어. 조선에 온 지 2개월 만에 말이야. 그러자 인조가 독살시켰다는 소문이 파다하게 돌았지. 실록에는 학질로 죽었다고 되어 있지만, 인조가 죽였다는 소문이 사실일 거야. 몇 가지 근거가 있거든. 죽은 세자가 독약에 중독된 모습이었다는 점, 장례식이 왕자답지 않게 아주 조용하게 치러진 점, 그 뒤 인조가 세자빈과 세자의 아들들을 죽였다는 점, 이런 것들을 보면 인조가 세자를 죽인 게 틀림없는 거 같아.

청나라에 대한 적개심으로 불탔던 인조는 서양 문물과 사상에 빠

사은사
조선 시대에 임금이 중국 황제에게 감사의 뜻을 전하기 위해 보내던 사절.

나라에 발달된 문물을 소개하려던 소현 세자가 죽임을 당하다니 정말 안타깝지?

져 청나라를 두둔하는 소현 세자를 받아들일 수 없었던 거지. 소현 세자가 왕이 되었다면 조선의 역사는 달라졌을 거야. 어떻게 달라졌을지는 각자 생각해 봐~.

효종, 청나라를 치기 위해 북벌 정책을 추진하다

1644년 인조가 죽고 봉림 대군이 왕위에 올랐어. 바로 조선 17대 왕 효종이야. 효종은 병자호란의 치욕을 잊지 않았어. 그래서 효종이 청나라에 대해 취한 정책은? 북벌 정책. 청나라와 싸워 원수를 갚아야 한다는 정책이지.

먼저 김자점 같은 친청파를 몰아내고, 송시열, 송준길, 김상헌 같은 반청 척화파를 등용했어. 이들과 함께 차근차근 청나라를 칠 준비를 한 거야. 군사 기구도 새롭게 가다듬었어. 한양에서는 중앙 상비군인 훈련도감을 강화하고, 지방에는 어영청을 두었어. 친명 반청파인 이완을 어영대장으로 임명해 군사들을 훈련시켰어. 이완은 병자호란 때도 청나라와 싸운 전투 경험이 많은 장군이었어. 이완은

조총
조선 시대에 사용하던 조총이다. 효종은 북벌을 위해 조총 등의 무기 개발에 힘썼다.

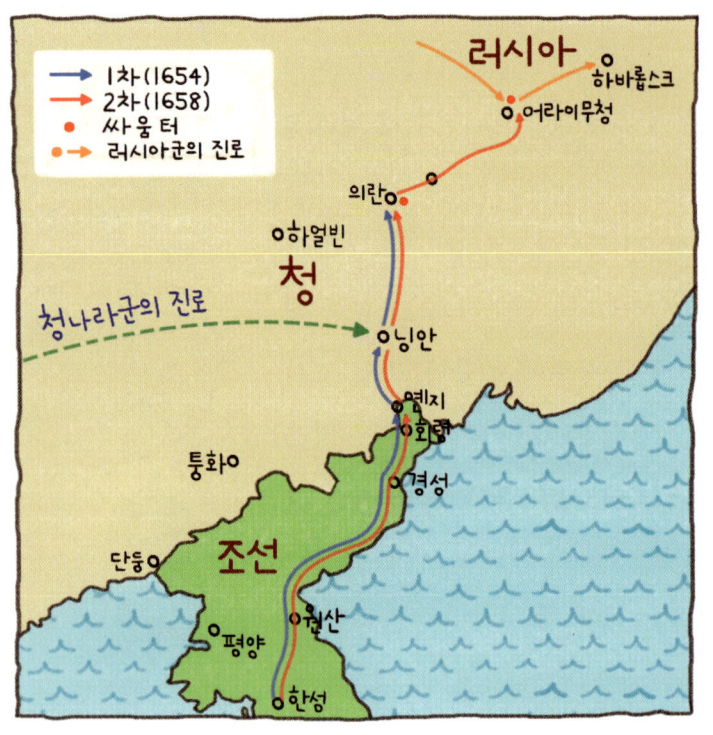

나선 정벌
조선은 청나라의 요청으로 두 차례에 걸쳐 러시아를 공격해 물리쳤다.

효종이 기대한 대로 군기를 바로잡고 군사들의 전투력을 키웠어. 그러면서 남한산성, 북한산성 같은 성을 다시 쌓는 한편, 무기도 개발했어.

1653년에는 풍랑을 만나 표류하다 제주도에 들어온 네덜란드 사람 하멜 일행을 훈련도감에 두고 무기를 만들게 했어. 조총, 화포 같은 것들이 새롭게 만들어졌지. 그런데 효종이 한창 군사력을 키우고 있을 때 청나라가 지원군을 요청했어. 조선 지원군과 함께 러시아를 치려고 말이야. 당시 러시아가 남쪽으로 내려오면서 청나라와 자주 부딪쳤거든. 효종은 고민 끝에 1654년, 조총 군사 100명을 비롯해 군사 150명을 보냈어. 이들은 청나라 군사와 함께 러시아군을 북쪽으로 몰아냈어. 이것이 1차 나선(러시아) 정벌이야.

4년 뒤인 1658년 6월, 청나라가 또다시 러시아를 치기 위한 지원군을 보내 달라고 했어. 조선의 조총 부대는 2차 나선 정벌에 나서 러시아군을 물리쳤어. 청나라를 치기 위해 키운 군사력을 청나라를 돕는 나선 정벌에 이용한 거야.

이처럼 효종이 이완을 중심으로 적극적으로 북벌 준비를 했지만 실제로 청나라를 치지는 못했어. 왜 그랬냐고? 청나라가 더욱 강해졌고, 왜란과 호란을 겪은 백성들도 청나라와 전쟁하는 걸 바라지 않았기 때문이야. 특히 훈련도감 군사들은 직업 군인이어서 군사들한테 월급 주고 무기를 개발하려면 엄청난 돈이 필요했어. 이 돈을 마련하기 위해 세금을 늘리고, 한창 농사일에 바쁜 백성들을 군역이다 요역이다 해서 끌어들였지. 사실 농번기에는 농민들한테 군역이나 요역을 시키지 않는다는 원칙이 있었는데 깨진 거야. 그러니 백성들 불만은 커질 수밖에 없었어. 게다가 효종도 건강이 나빠져 왕이 된 지 10년 만에 죽고 말았어. 결국 청나라한테 원수를 갚겠다는 북벌 정책은 꼬리를 내리고 말았지.

조선은 억울했지만 강대국으로 떠오른 청나라와 새로운 관계를 맺어야 했어. 청나라를 예전의 오랑캐가 아닌 강대국으로 인정하고 문화적으로 교류하며 평화적인 관계를 유지해야 했지.

조선에 들어온 네덜란드 사람, 벨테브레이와 하멜

임진왜란 때 사용한 배와 무기들

임진왜란을 겪으면서 조선의 무기는 더욱 발달했다.
해전에서 쓴 배 또한 일본 수군을 물리치는 데 큰 구실을 했다.
임진왜란 때 사용한 배와 무기들에는 어떤 것이 있는지 살펴보자.

거북선 거북선은 판옥선 위에 거북등 모양으로 된 철판을 이어 덮은 배이다. 그 위에 쇠송곳을 꽂아 왜군이 기어 오르지 못하게 했다. 왜군 진영으로 거침없이 들어가며 용머리에서 연기를 뿜고 포를 쏘아 왜군을 정신없게 만들었다.

판옥선 임진왜란 때 주로 사용한 판옥선은 널빤지로 지붕을 덮고 갑판을 2층으로 만든 배이다. 아래층에서는 군사들이 노를 저었고, 위층에서는 적보다 높은 곳에서 군사들이 총포와 화살을 쏘며 왜군을 공격했다. 배가 무겁고 바닥이 넓고 평평해 속도가 느렸지만, 안정감이 있어 화포를 쏘아도 흔들리지 않았다. 또한 썰물 때 갯벌에 안전하게 세워 둘 수 있고 쉽게 방향을 틀 수 있어서 바다가 좁고 섬이 많은 남서 해안에 잘 맞았다.

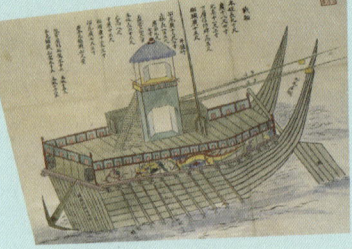

신기전 화차 수레 위에 발사대를 설치해 옮겨 다니기 쉽고, 화약이 달린 화살인 신기전 100개를 한꺼번에 날려 보낼 수 있다. 한 번에 많은 화약이 폭발하면서 강력한 힘을 냈다.

천자총통 총통은 화약을 이용해 쇠화살이나 쇠포탄을 쏘는 대포로, 발사 거리와 크기에 따라 가장 큰 천자총통부터 지자총통, 현자총통, 황자총통 등이 있다.

비격진천뢰 심지 길이로 시간을 조절한 시한폭탄으로, 동그란 철제 통 속에 화약과 철 조각을 넣었다. 폭발할 때 소리가 크고 폭풍 같은 바람이 일며 철 조각이 흩어져 왜군한테 큰 피해를 주었다. 행주 대첩에서 큰 역할을 했다.

완구 돌을 둥그렇게 만든 단석이나, 비격진천뢰 같은 탄환을 화약의 폭발력을 이용해 쏘는 화기이다. 사정거리는 500미터 내외이며 크기에 따라 대완구, 중완구, 소완구 등이 있다.

대완구

역대 왕조 계보 | 조선 1392~1910

- 1. 태조 1392~1398
  - 2. 정종 1398~1400
  - 3. 태종 1400~1418 ─ 4. 세종 1418~1450
    - 5. 문종 1450~1452 ─ 6. 단종 1452~1455
    - 7. 세조 1455~1468
      - 덕종 ─ 9. 성종 1469~1494
      - 8. 예종 1468~1469
    - 10. 연산군 1494~1506
    - 11. 중종 1506~1544
      - 12. 인종 1544~1545
      - 13. 명종 1545~1567
      - 덕흥 대원군 ─ 14. 선조 1567~1608
        - 15. 광해군 1608~1623
        - 원종
          - 16. 인조 1623~1649 ─ 17. 효종 1649~1659 ─ 18. 현종 1659~1674 ─ 19. 숙종 1674~1720
            - 20. 경종 1720~1724
            - 21. 영조 1724~1776
              - 장조
                - 22. 정조 1776~1800 ─ 23. 순조 1800~1834 ─ 문조 ─ 24. 헌종 1834~1849
                - 은언군 ─ 전계 대원군 ─ 25. 철종 1849~1863
                - 은신군 ─ 남연군 ─ 흥선 대원군
                  - 26. 고종 1863~1907
                    - 27. 순종 1907~1910
                    - 강
                    - 은

찾아보기

ㄱ

《가례》 59, 65, 76, 135
간의 87, 88, 95, 117
간쟁 29, 30, 33
갑인자 79, 80
갑자사화 118, 119, 142, 158
강무 의식 76, 77
강홍립 225, 226, 234~236
개국 공신 34, 37, 38
거북선 200~203, 248
《경국대전》 118, 119, 129, 135, 176~179, 187
경복궁 20, 22, 23, 25 27, 31, 37, 66, 71, 85, 197
경연 29, 30, 50, 72, 127, 134, 136, 142, 144
경자자 79
경재소 52, 53
계미자 78, 79
계유정난 123, 124, 129
《고려사》 74, 75
〈고사관수도〉 171, 172
공무역 109
공물 18, 58, 109, 147, 156, 220, 221, 239
과거 시험 48, 59, 60~62, 65, 164, 180, 182, 184
과전법 127
곽재우 204, 205
광해군 218, 219, 222~229, 232~234, 236
《국조오례의》 76, 135, 136

권율 206, 207
근정전 22, 23, 66
금군 53, 54
금표비 143, 144
기묘사화 118, 119, 145, 149, 158, 163
김성일 195
김종서 112, 113, 117, 121, 122, 124
김효원 155

ㄴ

나선 정벌 191, 244
《난중일기》 200, 212
남한산성 238, 244
노비 37~40, 55, 56, 65, 95, 113, 129, 131, 140, 144, 152, 159, 168, 173, 178, 180, 182~184, 204, 213
논개 209
《농사직설》 68~69, 82~85, 117
누르하치 214, 224, 226, 233

ㄷ

단종 74, 118, 120~127, 131, 139
대동법 191, 219~221
대북(파) 219, 226~229, 232
도산 서원 167, 168
〈도성도〉 19
도요토미 히데요시 190, 195, 196, 212, 216
돈의문(서대문) 23, 24, 66

《동국신속삼강행실도》 222
《동국여지승람》 78, 135, 136
《동국통감》 75, 135
《동의보감》 191, 222, 223
동인 154, 155, 195

ㅁ

마패 57, 58
맹사성 116
명나라 17, 18, 71, 106~109, 117, 123, 190, 195, 196, 197, 207, 209, 210, 214~217, 224, 225, 226, 228, 233, 234, 235, 239~242
명량 대첩 203, 210~212
명종 118, 138, 150~156, 158, 166, 168
〈몽유도원도〉 171
무과 61, 62, 178, 180
무오사화 118, 119, 139, 140, 142, 145, 158
무학 대사 31
문과 61, 62, 71, 163, 180, 223
문정 왕후 151~153, 156, 194

ㅂ

박연 81
백운동 서원 119, 166, 168
백자 170, 171, 188, 215
병산 서원 167, 168, 170
병영 54
병자호란 190, 191, 232, 235~240
병진자 79
보신각 25
봉림 대군 240, 241
봉수대 56, 57
봉수 제도 56, 57
북벌 190, 232, 243~245
붕당 118, 149, 154, 155, 168

ㅅ

사가독서 72, 139, 163
사간원 29, 49, 133, 142, 144, 155
사관 72, 139
4군 6진 106, 111, 112
사대교린 106, 107
사대문 23, 24
사대 외교 18
사림(파) 118, 120, 130, 133, 134, 138~140, 142, 145, 147, 149, 151, 154, 155, 158~162, 165, 168, 170, 173, 175
사명 대사 205, 216
사민 정책 113, 114
사병 34, 38, 53
4부 학당 59
사액 서원 166, 168
사육신 124, 125
사정전 23, 66
사직 21, 22, 66, 76, 77

사천 해전   200, 202
사초   139
사헌부   49, 66, 133, 145, 155
《삼강행실도》   29, 30, 76, 146, 185
3사   48~50, 118
삼전도비   240
상민   55, 61, 180~183, 186
생육신   126
서당   59, 64, 167
서연   41, 72
서원   118, 119, 158, 165~168, 170, 213
서인   154, 155, 195, 226, 228, 229, 233, 240
《석보상절》   102, 103
석성   217
선조   102, 138, 154, 163~165, 168, 190, 195,
　　　197, 207, 210, 213, 218, 219, 222
성균관   59~62, 65, 134, 142, 145, 184
성리학   14, 28, 30, 33, 51, 132, 134, 145~147,
　　　158, 159, 162~168, 170, 171, 179, 186
성종   29, 73, 75, 78, 118, 120, 129~145, 149,
　　　151, 158, 159, 161, 177
《성종실록》   139
《성학십도》   163, 164
《성학집요》   164, 165
세조   48, 73, 74, 78, 103, 118~120, 123~134,
　　　136, 139, 142, 160, 169, 177, 227
세종   8~12, 29, 42, 43, 48, 68~106, 111~116
《세종실록》   92, 98

소북파   219
소수 서원   166, 168
《소학》   30, 59, 65, 146, 162, 179, 185
소현 세자   191, 232, 240~243
수렴청정   130, 131, 151
수령   50~53, 128, 153, 159~162
수양 대군   102, 103, 120~126
수영   54, 55
수표   93
숙정문(북문)   23, 24, 66
숭례문(남대문)   23, 24
승정원   48
신문고   40
신숙주   71, 72, 75, 110, 117, 122, 127,
　　　129~132
《신증동국여지승람》   78, 222
신진 사대부   12, 14, 15, 158
신흥 무인 세력   14
쓰시마 섬   42, 69, 109~111, 117, 192

ㅇ

아전   51, 66, 187
《악학궤범》   135, 136
앙부일구   88~90, 95
양녕 대군   12, 32, 38~41
양반   51, 55, 58, 61, 66, 97, 101, 103~105,
　　　111, 161, 162, 168, 170, 173, 180~182,
　　　184, 186, 188, 214, 220

양인   39, 55, 56, 63, 113, 179, 180
양재역 벽서 사건   151
여진족   54, 111, 112, 115, 117, 139, 190, 214, 224, 233, 236
역원 제도   56, 57
연분 9등법   69, 85
연산군   118, 138~144, 158, 163, 229
연호   108, 239
영창 대군   219, 226~228
5위   53, 54
5위도총부   54
왕도 정치   28~30, 32
왕자의 난   12, 13, 27, 35, 36, 42
왜관   192, 193, 214
왜구   14, 42, 54, 55, 106, 110, 111, 117, 150, 193, 194
외척   12, 150, 152, 155
《용비어천가》   74, 102
운종가   26, 67
원균   210
위훈삭제   148
유교   12, 14, 22, 23, 26~30, 40, 58, 66, 68, 75, 76, 81, 127, 132, 134~136, 145~147, 154, 161, 168, 176, 178, 179, 182, 185, 186, 222, 223
유향소(향청)   52, 53, 118, 158~162
6방   51, 177, 178
6조   38, 47, 48, 51, 66, 132, 177, 178

6조 거리   26, 66, 67
6조 직계제   38, 47, 48, 116, 127
윤원형   151, 152, 155, 194
윤임   151, 152
을사사화   118, 119, 151, 152, 158, 163, 168
음서   63
의금부   40, 48
의병   190, 192, 204~208, 218
의정부   26, 37, 38, 47, 48, 66, 121, 122
의정부 서사제   38, 47, 48, 116, 127
이괄의 난   191, 233, 234
이방원   32~35
이성계(태조)   12~20, 28, 31~33
이순신   190, 192, 200~205, 210, 212, 222
이시애의 난   128
이이   134, 162~165, 173
이조 전랑   154, 155
이종무   42, 69, 110, 111, 117, 192
이황   134, 162~168
인목 대비   226, 227, 229, 232
인조   190, 226, 228, 232~234, 237~243
인조반정   191, 218, 222, 228, 229, 234
임꺽정   153, 156~157
임신약조   191, 194
임진왜란   109, 190~192, 194~218, 224, 248, 249

ㅈ

자격루 90~92, 95

잡과 61, 62, 178

잡색군 56

장영실 68, 79, 87, 89~95, 117

전분 6등법 69, 85

정도전 12, 14, 15, 20, 32~34, 38, 44, 46, 53, 66, 74, 107, 177

정몽주 15, 34, 132, 134, 159

정묘조약 235

정묘호란 190, 191, 232~236

정유재란 190, 192, 210

정인지 71, 87, 97, 100, 117, 132

정초 83, 87, 117

정희 왕후 130

조공 18, 108, 109, 240

조광조 118 134, 138, 145~150, 158~161

조사의 44, 45

《조선왕조실록》 16, 80, 139

조의제문 139

종묘 21, 22, 27, 67, 76, 77, 90

주자소 13, 78

주초위왕 149~150

주화파 235, 238, 239

중인 55, 56, 61, 180, 181

중종 118, 143~151, 158, 161

중종반정 119, 138, 142~145, 228, 229

직전법 119, 127

진주 대첩 202, 205, 209

집현전 68~74, 78, 95, 101, 102, 117, 123, 127, 129, 132, 134

ㅊ

책봉 18, 76, 108, 233

척화파 235, 236, 238, 243

천인 55, 179, 182

청계천 26, 66, 67

청나라 109, 191, 224, 232, 235, 237~245

청나라 태종 239, 240

〈초충도〉 172

최만리 101, 105

최윤덕 112, 117

춘추관 48, 50

충녕 대군 12, 41, 42

측우기 69, 92, 93

《칠정산 내편》 89, 90, 117

《칠정산 외편》 89, 90, 117

ㅌ

태종 12, 13, 27, 32, 36~48, 53, 66, 70, 74, 78, 106~111, 120, 127, 160, 177, 227

통신사 195, 216

ㅍ

판옥선 202, 203, 248

8도 13, 38, 50~52, 54, 57, 209

《팔도지리지》 77

품석 180

ㅎ

하멜 191, 244, 246, 247

학익진 202

한강 20, 67

한글 8~11, 100~104, 135, 146, 223, 224

한명회 122~124, 127, 130~132, 142

한산도 대첩 191, 200, 202, 203, 209

한성부 48, 50, 66

한양 12, 13, 18~27, 36, 40, 44, 45, 50, 52, 54, 57, 59, 66~67, 89, 128, 156, 157, 169, 184, 190, 197, 205, 207, 208, 214, 237, 243, 246, 247

함흥차사 44~45

행주 대첩 191, 202, 207~209, 245

향교 59, 60, 64, 65, 134, 168, 184

향약 118, 146, 158, 160~162, 168, 174, 175

《향약집성방》 76

허균 223, 230

허난설헌 230~231

허준 222, 223

현량과 147

호패법 13, 39, 127

〈혼일강리역대국도지도〉 76, 77

혼천의 87, 88, 95, 117

《홍길동전》 223, 224

홍문관 49, 133, 134, 136, 142, 144, 155, 163

황윤길 195

황표 정사 121

황희 116

효종 190, 232, 241, 243~245

《효행록》 75

후금 190, 215, 224~226, 232~237

훈구(파) 118, 120, 130~133, 140~144, 147~150, 154

훈민정음 68, 69, 96~105, 143

흥인지문(동대문) 23, 24

흥청망청 143

사진 자료 제공

고려대학교 박물관 113 〈야연사준도〉

국립 고궁 박물관 61 〈왕세자 성균관 입학식〉, 88 앙부일구, 93 측우기, 130 정희 왕후 옥보

국립 중앙 박물관 17 이성계 호적, 29 《삼강행실도》, 34 《삼봉집》, 37 개국 공신 녹권, 39 호패, 49 〈사간원 관리들의 친목 모임〉, 52 〈월야선유도〉, 54 5위도총부 교지, 57 마패, 59 〈서당〉, 62 〈북새선은도〉, 63 백패와 홍패, 79 《자치통감강목》, 80 임진자 큰 활자, 84 〈논갈이〉, 92 자격루, 101 한글 금속 활자, 103 한글로 쓴 《묘법연화경》, 104 정씨 부인이 올린 한글 상소, 108 〈북경에서 조선 사신을 송별〉, 132 한명회 묘지명 조각, 135 《경국대전》, 146 《여씨 향약 언해》, 161 《신증향약조》, 164 《성학십도》, 165 《성학집요》, 170 백자 달항아리, 170 백자 청화 사자 호랑이 무늬 항아리, 172 〈고사관수도〉, 172 〈초충도〉, 179 《소학》, 183 〈벼 타작〉, 183 〈행상〉, 184 노비 매매 문서, 193 〈초량 왜관의 전경〉, 195 〈통신사 행렬도〉, 214 〈동래부사접왜사도〉, 228 〈세검정도〉, 233 〈항해조천도〉, 237 〈호병도〉, 243 조총, 249 천자총통, 249 대완구

규장각 한국학 연구원 16 《태조실록》, 18 〈도성도〉, 75 《고려사》, 75 《효행록》, 76 《향약집성방》, 77 〈혼일강리역대국도지도〉, 78 《신증동국여지승람》, 83 《농사직설》, 90 《칠정산 내편》, 90 《칠정산 외편》, 98 《세종실록》, 102 《용비어천가》, 102 《석보상절》, 110 《해동제국기》, 135 《동국여지승람》, 135 《동국통감》, 135 《악학궤범》, 135 《국조오례의》, 139 《성종실록》, 140 《연산군일기》, 222 《동국신속삼강행실도》, 222 《동의보감》, 248 판옥선

두피디아 24 숭례문, 23 경복궁 사정전, 36 창덕궁 인정전, 89 창경궁 일영대, 123 청령포, 126 장릉, 166 소수 서원, 186 양반들의 제사상

북앤포토 24 홍인지문, 133 선릉, 143 금표비, 152 태릉, 240 삼전도비

세종 대왕 유적 관리소 88 간의, 88 혼천의

시공사 21 사직단, 25 보신각, 56 봉수대, 71 경복궁 수정전, 93 수표, 238 남한산성 수어장대

어진 박물관 15 〈태조 이성계 어진〉

연합뉴스   33 정도전 동상, 43 헌릉, 55 낙안 읍성, 128 세조한테 벼슬 받은 정2품 소나무, 144 연산군 묘, 147 조광조 적려 유허비, 153 임꺽정 동상, 159 고향 향청(유향소), 165 〈율곡 이이 초상〉, 167 도산 서원, 167 병산 서원, 180 품석, 204 곽재우 장군 동상, 219 대동법 시행 기념비, 223 허준 동상, 226 덕수궁 석어당, 229 광해군 묘

운보문화재단   72 〈세종 대왕 어진〉

육군 박물관   198 〈부산진 순절도〉, 199 〈동래부 순절도〉, 215 비격진천뢰

이형준   169 해인사 장경판전

전쟁 기념관   201 거북선, 208 〈행주 대첩 기록화〉, 249 신기전 화차

한국 은행   164 〈퇴계 이황 초상〉

현충사 관리소   200 〈이순신 영정〉, 201 〈거북선 그림〉, 212 《난중일기》

위키미디어 공용   21 종묘(João Trindade, cc-by-sa 2.0), 22 경복궁 근정전(Blmtduddl, cc-by-sa 3.0), 24 숙정문(Mark Froelich, cc-by-sa 3.0), 60 성균관 명륜당(Christian Bolz, cc-by-sa 3.0), 125 사육신묘(Asfreeas, cc-by-sa 3.0), 209 진주성 촉석루(kang byeong kee, cc by sa 3.0), 213 녹동 서원(Ktneop, cc-by 1.0), 215 이삼평 기념비(STA3816. cc-by-sa 3.0)

(주)시공사는 이 책에 실린 모든 사진 자료의 출처와 저작권자를 찾아 허락을 받기 위해 노력했습니다. 사진 자료 제공 목록에 누락이나 착오가 있으면 사용 허락을 받고 다음 쇄에서 반드시 수정하겠습니다.